엄마의 첫 재테크 공부

엄마의
첫 재테크
공부

우리 집 자산이
2배속으로 늘어나는
시스템 만들기

김태형 지음

위즈덤하우스

엄마에게 돈 공부가
필요한 이유

"열심히 공부해서 좋은 대학에 가야 좋은 회사에 갈 수 있고, 좋은 회사에 가야 잘살 수 있다."

어린 시절 어머니께 수없이 들었던 말입니다. 세상에서 저를 가장 아끼는 분의 말이었으니 한 치의 의심도 없었고, 친구의 부모님, 선생님, 친척들… 주변을 둘러봐도 다들 비슷한 말씀을 하셨던 것 같습니다.

저는 결국 대학 졸업 후, 운 좋게도 남부럽지 않은 회사에서 첫 직장생활을 시작할 수 있었습니다. 직장생활을 시작하면서는 '최고의 직장에서 멋진 경력을 쌓은 후에 성공해서 일찌감치 은퇴할 거야!'라고 다짐도 했습니다.

그렇게 정신없이 3년쯤 지났을까. 뒤돌아보니 제게 남은 것은 텅 빈 잔고와 카드값 그리고 독촉 전화뿐이었습니다. 그렇다고 특별히 직장생활에 소홀했거나 남들보다 방탕하게 산 것도 아니었습니다. 그런데도 점점 계획과 멀어지는 저 자신을 보면서 '열심히 공부해서 좋은 직장에 들어왔는데 왜 이렇게 됐지?' 하는 자괴감이 밀려왔습니다. 동시에 '무언가 잘못되어가고 있다'는 위기감도 몰려왔죠.

하지만 여전히 문제는 남아 있었습니다. 어떻게 이 난관을 헤쳐 나가야 할지 답을 찾아야 했는데, 배운 거라곤 '공부 잘해서 좋은 직장에 들어가는' 방법뿐이었습니다. 주변 사람들에게 도움을 청해볼까 했지만 그들 역시 '공부 잘해서 좋은 직장에 들어온 사람'이었고, 가까운 이들과 고민을 나눈 후 얻은 유일한 깨달음은 '그들 역시 나와 똑같은 고민을 하고 있다' 정도였습니다. 이렇게 하면 돈 문제를 해결할 수 있다거나 부자가 될 수 있다고 말해주는 이는 없었습니다. 앞길이 막막하고 누구에게도 의지할 수 없었던 그때, 혼자서 무작정 시작한 것이 바로 '돈 공부'였습니다.

일단 재테크 관련 책들을 닥치는 대로 읽기 시작했습니다. 책을 읽으면서 어렵고 생소한 금융·경제 관련 용어가 나오면 열심히 그 의미를 찾아봤고, 용어들이 익숙해지기 시작할 무렵부터는 주식, 부동산, 채권 등에 대한 본격적인 투자 공부도 시작했습니다. 부동산 공부를 시작하면서부터는 틈만 나면 네이버부동산이나 경매 사이트를 통해 관심 지역의 아파트 시세를 살펴봤고, 주말에는 인터넷으로 봤던 아파트 중 관심 가는 곳에 직접 임장을 다녔습니다. 그렇게 몇 년 동안 돈과 관련한 다양한 공부를 해왔습니다.

그로부터 약 10년이 지났습니다. 여전히 저는 평범한 대기업 회사원입니다. 하지만 조금 달라진 점이 있다면 '전문 투자자'로서의 삶을 병행하면서 경제적 자유를 꿈꾸며 하루하루 나아가고 있다는 것입니다. 이제 회사에서는 일명 '재테크 고수'로 통합니다. 직장 동료들은 마주칠 때마다 안부 인사 대신 "요즘 어디에 투자해야 돼요?", "이따 잠깐 시간되면 상담 좀 해요"라고 말을 걸어올 정도입니다.

다행히 제가 돈 공부를 시작한 시점은 우리나라에 '부자 아빠 신드롬'이라는 재테크 붐이 일던 때라 많은 이들이 재테크에 관심이 많았습니다. 하지만 요즘은 분위기가 좀 다른 것 같습니다. 특히 청년들 사이에서는 '재테크', '돈', '금융'이란 주제가 더 알고 싶고, 살아가는 데 꼭 필요한 정보라기보다 '할 수 없는 것', '관심 없는 것'으로 여겨진다고 하니까요.

그래서인지 재정에 대한 상담을 자주하면서 당황스러운 순간을 맞닥뜨리게 됩니다. 직장인, 사업가, 의사, 변호사, 프로그래머, 은행에 다니는 사람들조차 금융이나 투자, 회계 등 돈에 대해 제대로 알지 못하는 경우가 많고, 심지어 인생에서 돈이 정말 중요하다고 말하는 사람들조차 돈에 대해 잘 모르는 경우가 다반사이기 때문입니다.

저는 그 이유가 바로 아무도 '돈'에 대해 제대로 가르치지 않기 때문이라고 생각합니다. 학교는 물론 가정에서도 이런 교육은 이루어지지 않습니다. 우리 아이가 사회에 첫발을 내딛는 순간부터 세상은 온통 돈을 중심으로 돌아가는데, 그곳을 헤쳐 나가는 데 꼭 필요한 교육을 받아본 적이 없다면 아이들의 미래는 어떻게 될까요? 아마 엄청난 경제적 위험 한가운데에 놓이지 않을까요?

저도 아이가 있는 아빠입니다. 고백을 하나 하자면 제 아내도 돈에 밝은 사람은 아닙니다. 돈에 대해 공부해야 한다고 얘기해보지 않은 것은 아니지만 돌아오는 답은 항상 "당신이 알아서 잘하잖아~"였고, 사실 저도 하나하나 차근차근 알려주기 귀찮아 차일피일 미뤄온 것이 사실입니다.

그런데 어느 날 문득 이런 생각이 들었습니다.

'만약 내가 없다면 남겨진 아내와 아이는 이 험한 세상을 잘 살아갈 수 있을까?'

그런 생각이 들자 돈 공부에 대한 이야기를 더 이상 미루면 안 되겠다는 생각이 들었고, 아내와 아이를 생각하며 이 글을 쓰게 됐습니다.

우리나라에는 돈에 대해 이야기하는 것을 불편하게 느끼는 이들이 많습니다. 하지만 돈에 대한 공부는 앞으로 어떻게 잘 살아가느냐에 대한 고민이기도 합니다. 우리 가족, 특히 아이들을 위해서 무엇보다 돈 공부를 먼저 시작해야 합니다. 아이와 함께하는 시간이 가장 많은 엄마의 경제관념을 아이들이 배우고, 이때 배운 경제관념이 아이의 미래를 결정할 수도 있기 때문입니다.

이 책을 통해 각자에게 맞는 재테크 방법을 찾고, 우리 가정의 미래를 계획할 수 있고, 무엇보다 일과 가정을 지키기 위해 동분서주하고 있는 엄마들의 경제적 자존감이 높아졌으면 좋겠습니다.

2장 부자 엄마가 되기 위한 재테크의 기초

3장 우리 아이 교육비와 우리 가족 보장 자산 준비하기

4장 실거주와 투자를 동시에 만족시키는 내 집 마련 노하우

5장 일찍 할수록 여유로운 노후 준비

· 부록 ·
우리 아이 금융 교육법

1장

부자 엄마가 되기 위해
필요한 건
돈이 아니라 돈 공부다

돈에 대해 모르면
돈 때문에 괴로워진다

BANK 이야기를 시작하기에 앞서 간단한 테스트를 먼저 해보려고 합니다. 우리 가정의 재무 상태가 어떤지 확인할 수 있는 테스트인데, 테스트 결과에 따라 돈 관리와 재테크를 잘하고 있는지 간단하게 살펴볼 수 있을 것입니다.

- 미래에 써야 할 돈에 대해서 구체적으로 생각해본 적이 없다.
- 최근 1년 내에 빚이 늘었다.
- 가계부를 꾸준히 쓰지 않는다.
- 일주일 또는 월 단위 소비 예산을 따로 세우지 않는다.
- 대출원금과 이자로 나가는 돈을 합치면 소득의 30%가 넘는다.
- 저축액(적립식 펀드 포함)이 월 소득의 30%를 넘지 않는다.
- 부동산 자산의 비율이 전체 자산의 70% 이상을 차지한다.
- 주식 자산의 비율이 전체 자산의 70% 이상을 차지한다.
- 저축은 그냥 일반 입출금 계좌를 활용한다.
- 펀드와 같은 간접 투자 상품에 가입하고 있지 않다.

[점검 결과]

2개 이하: 전반적으로 재무 구조가 양호하다.

3~5개: 아직 괜찮지만 개선을 위한 노력이 필요하다.

5~8개: 위험한 재무 구조로, 당장 개선이 필요하다.

9개: 파산의 위험이 매우 높은 상태다.

테스트 결과, 우리 가정의 재무 건전성은 어떤 수준인가요? 만약 2개 이하를 체크했다면 뒤에 소개될 내용들이 큰 도움이 되지 않을 수도 있습니다. 하지만 2개 이상을 체크했다면 돈 공부에 좀 더 관심을 가질 필요가 있습니다. 특히 5개가 넘는다면 앞으로 재무적으로 심각한 위험에 노출될 수 있기 때문에 지금 당장 돈 공부를 시작해야 합니다.

우리나라의 가계부채*가 자그마치 1,468조 원에 달한다고 합니다(2018년 1분기 기준). 이를 5,000만 명의 인구로 나누면 1인당 약 2,900만 원 정도, 이를 다시 4인 가구로 환산하면 1가구당 평균 1억 2,000만 원 정도의 빚을 지고 있다는 말입니다. 아직 사회에 첫발을 딛지 못한 대학생이나 취업준비생들 또한 예외는 아니어서 학자금대출, 카드론, 신용카드 대금 등 상당한 빚을 안은 채 살아가고 있습니다. 한 취업포털업체사이트에서 구직자를 대상으로 조사한 결과에 따르면 구직자 1인당 평균 빚이 3,500만 원에 달한다고 합니다.

> **가계부채**
> 일반가계가 금융기관에서 직접 빌린 돈과 신용판매회사 등을 통해 외상으로 구입한 금액을 합한 것. 한마디로 사채를 제외한 일반가계의 모든 빚을 말한다.

이처럼 대다수의 사람들이 재테크나 투자는커녕 빚에 시달리며 고달픈 삶을 살고 있습니다. 그렇다고 흥청망청 사는 것도 아닌데 우리의 삶이 여전히 고달프기만 한 이유는 무엇 때문일까요? 남들보다 열심히 살지 않아서? 흥청망청 과소비를 일삼아서? 수입이 부족해서?

명쾌한 답을 내리긴 어렵겠지만 한 가지 확실한 사실은 있습니다. 돈으로 고통받는 사람들 중 상당수가 '돈'에 대해 잘 모른다는 것입니다.

ⓦ 금융문맹에서 탈출하라

보통 글을 모르는 사람을 '문맹'이라고 합니다. 비슷한 의미에서 '금융문맹'이라는 말이 있습니다. '금융문맹이라니? 과연 그런 사람이 얼마나 있겠어?'라고 생각할 수 있지만 신용카드 무서운 줄 모르는 사람, 빚 무서운 줄 모르는 사람, 무이자 할부라면 일단 지르고 보는 사람, 남들 따라 대박을 쫓아 투기를 일삼는 사람도 주위에서 쉽게 찾아볼 수 있는 금융문맹의 일부입니다.

몇 년 전 세상을 떠들썩하게 했던 B저축은행 사태를 기억하는 분들이 많을 겁니다. 피해 규모만도 총 26조 원에 달하는 대형 사건으로, 많은 사람이 금전적인 손해를 입었습니다. 피해자의 대부분은 금융지식이 부족한 상태에서 은행 말만 믿고 투자상품을 저축상품으로 잘못 알고 평생 모은 재산이나 노후 자금을 맡겼습니다. 흥미로운 점은 피해자들이 제안받은 수익이 일반 예금상품에 비해 겨우 1% 정도 높았다는 사실입니다. 결과적으로 단 1%의 이자를 더 받기 위해 전 재산을 날리는 선택을 한 셈이죠. 금융에 대한 사전 지식이 조금만 있었더라도 대부분 피할 수 있는 선택이었습니다.

우리나라의 신용불량자 수는 108만 명에 달합니다(2018년 기준). 국민 50명 당 1명이 신용불량자라는 얘기인데, 참고로 OECD 교통사고 사망률 1위로 유명한 우리나라 교통사고 사망자 수가 10만 명당 1명 수준이라고 합니다. 대한민국에 살면서 신용불량자가 될 확률이 교통사고로 사망할 확률에 비해 2,000배나 높은 셈입니다. 그러니 이제는 생존을 위해서라도 FQ(Financial Quotient), 즉 금융지능 지수가 더욱 중요한 시대입니다.

왜 엄마들이
돈 공부를 해야 할까?

예전에는 '엄마들의 재테크'라고 하면 남편이 번 돈을 아껴서 알뜰하게 가계를 꾸리는 정도를 의미했습니다. 하지만 요즘 엄마들의 재테크는 차원이 다릅니다. 맞벌이 부부라면 한 가정의 엄마이자 리더로서 재정을 어떻게 운영해야 할지 고민합니다. 전업주부라면 재정 관리는 기본이고, 자신의 숨겨진 재능을 경제력으로 바꿀 수 있는 방법을 찾아 추가 수익을 만들어내는 등 적극적으로 재테크를 실천하는 주부들이 늘고 있습니다.

엄마들이 재테크에 관심을 가져야 하는 이유는 또 있습니다. 평소에 어떻게 하면 돈을 잘 벌고, 관리하고, 불릴 수 있을지 꾸준히 고민해야만 경제적으로 어려운 상황이 왔을 때 침착하게 대처할 수 있습니다. 그런 의미에서 스스로 인생을 오롯이 책임져야 할 독신 여성부터 엄마들까지 돈 공부는 이제 선택이 아닌 필수인 것입니다.

아이의 경제력, 엄마에게 달렸다

세계적인 부자 가문으로 유명한 록펠러가의 경우 어렸을 때부터 돈에 대한 교육을 철저히 시키는 것으로 유명합니다. 단순히 돈을 불리는 방법만을 가르칠 것 같지만 록펠러가의 주된 교육 내용은 '집안에 부가 없어도 경쟁력 있는 사람이 되도록 절제하는 법과 금융지식을 갖추는 것'이라고 합니다.

투자의 귀재라 불리는 워런 버핏도 자녀들이 아주 어렸을 때부터 철저한 금융 교육을 시킨 것으로 유명합니다. 심지어 "금융에 대해 빨리 배울수록 얻는 것도 많다"는 것이 그의 교육철학이라고 합니다.

세계 최고의 부자인 빌 게이츠 역시 자녀 사랑으로 유명합니다. 그는 '빌 앤 멜린다 게이츠 재단'을 통해 260억 달러(약 28조 원) 이상을 기부했고, 이미 전 재산의 95%를 사회에 기부하기로 약속한 상태입니다. 그는 한 인터뷰를 통해 부모의 부가 아닌 "자녀들 스스로 힘을 길러 의미 있는 삶을 살길 바란다"고 밝힌 적도 있습니다.

이렇듯 세계적인 부자들일수록 그 어떤 교육보다 자녀의 금융 교육에 상당한 공을 들입니다.

돈에 대한 공부가 아이들의 미래를 결정한다는 것에 동의하지 않을 부모는 거의 없을 것입니다. 하지만 아직까지 우리나라의 정규 교육 과정에 '금융'이라는 과목은 존재하지 않습니다. 즉, 자녀들의 금융 교육 수준은 집안 교육이 결정하는데, 이때 자녀 교육에 가장 큰 영향력을 끼치는 사람은 엄마입니다. 이는 엄마의 금융 경쟁력이 곧 아이들의 금융 경쟁력으로 대물림될 수 있다는 뜻이기도 합니다.

지긋지긋한 돈 걱정에서 하루빨리 벗어나려면

종종 돈에 대해 잘 몰라도 얼마든지 잘살 수 있다고 말하는 분들을 만납니다. 이유를 물어보면 그들은 하나 같이 '특별한 계획이 없었어도 지금까지 별 문제없이 살아왔다. 그러니 앞으로도 큰 문제가 없을 것'이라는 식으로 답합니다. 그럼 평생 돈 걱정에서 자유로울 수 있을 정도로 넉넉한 상황인지 물어보면 돌아오는 대답은 대부분 "그렇지는 않다"고 답합니다.

자본주의 사회를 살아가는 이상, 돈으로부터 완전히 자유로워지기란 사실상 불가능에 가깝습니다. 이러한 분들 역시 좀 더 진지하게 이야기를 나누어보면 돈의 속박에서 벗어나길 소망하며 경제적 자유를 꿈꿉니다. 하지만 정작 돈에 대해 공부하라고 하면 손사래를 칩니다. 많은 이들이 돈을 대하는 태도는 이처럼 이중적입니다.

성공적인 재테크를 위한 첫 번째 황금열쇠는 '돈 공부를 시작하는 것'입니다. 영어를 잘하기 위해 영어 공부를 하는 것은 당연합니다. 그런데 부자가 되길 바라면서 왜 돈 공부는 하지 않는 걸까요? '혹시 너무 늦은 것은 아닐까' 하는 생각에 포기해버린 걸까요? 그런 분들께는 자신 있게 말씀드릴 수 있습니다. 절대 늦지 않았으니 지금부터라도 돈 공부를 시작하라고 말이죠. 돈의 속박에서 자유로워질 수 있는 첫 번째 황금열쇠가 바로 '돈 공부'이기 때문입니다.

엄마들의 재테크,
무엇이 다를까?

뇌와 관련된 흥미로운 실험 한 가지를 소개할까 합니다. 어떤 실험자에게 다음과 같은 상황을 떠올려보라고 한 후 뇌의 활동을 스캔해보았습니다.

Case 1. 현재 자신의 상황을 떠올려본다

Case 2. 30년 후 자신의 상황을 떠올려본다.

Case 3. 자신과 전혀 상관없는 것을 떠올려본다.

실험 결과는 이랬습니다. 두 번째와 세 번째 케이스의 뇌 스캔 사진은 거의 동일한 반면 첫 번째 케이스는 다른 결과가 나왔습니다. 이 결과가 말해주는 것은 사람들이 일반적으로 30년 후 자신에게 닥칠 미래를 자신과 상관없는 일로 여긴다는 뜻입니다. 이 결과를 무심코 넘길 수 없는 이유는 다름 아닌 노후 문제와 직결돼 있기 때문입니다.

우리나라 여성의 노후 문제는 매우 심각합니다. 고령화가 급격히 진행되고 있는 가운데 여성의 평균수명은 남성에 비해 7~8년 정도 깁니다. 반면 여성의 평균 근속 기간은 남성에 비해 오히려 짧고 급여 수준 또한 낮습니다. 국민연금이나 퇴직연금 등으로 노후 소득을 확보하기 쉽지 않고, 이로 인한 노후 리스크도 남성에 비해 훨씬 높습니다. 그래서 여성을 위한 재테크는 조금은 다른 관점에서 접근해야 합니다.

◎ 장수 리스크

통계청 자료에 의하면 85세 이상 인구의 71%가 여성입니다(2015년 기준). 남성에 비해 평균수명도 7년 정도 높으니 부부의 평균 나이 차이가 세 살 정도임을 감안하면, 여성이 평균 10년 정도를 혼자 지내야 합니다. 그럼에도 우리나라는 여전히 남성 위주의 사회에서 벗어나지 못하고 있는 것이 사실입니다. 실제 여성 근로자의 평균 임금은 남성의 68% 수준에 불과하며, 사회보험 가입률도 여성이 남성보다 11~13% 낮습니다. 여성의 고용률 역시 50% 수준으로 남성의 71%에 비해 낮은 수준입니다. 주변에서 생활이 어려운 할아버지보다 할머니를 더 많이 보게 되는 것은 결코 우연이 아닙니다.

[여성 고용률]

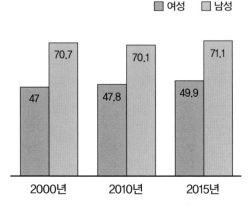

(단위: %, 출처: 여성가족부 · 통계청)

○ 의료비 리스크

건강과 의료비도 여성의 노후를 위협하는 큰 걱정거리 중 하나입니다.
대부분의 의료비는 70세 이후에 집중되는데, 평균수명을 기준으로 생각
해보면 각종 질병에 노출되는 쪽은 여성일 확률이 높습니다.

한국보건산업진흥원의 조사 결과에 따르면, 여성의 평생 의료비는 1억
2,322만 원으로 남성이 평생 지출하는 의료비 1억 177만 원보다 많은 것
으로 나타났습니다(2013년 기준). 특히 65세 이후 지출하는 의료비는 여
성이 6,841만 원으로 남성의 5,138만 원보다 1,700만 원 더 많았다고 합
니다. 미리 대비하지 않으면 배우자를 떠나보낸 후 홀로 살아가는 10년
의 시간은 경제적인 어려움과 질병으로 인해 고통과 인고의 시간이 될 가
능성이 높습니다.

◉ 싱글 리스크

평균수명으로 인한 사별이나 이혼 등으로 홀로 노후를 꾸려가야 할 확률이 높아지고 있습니다. 최근에는 이혼율이 크게 증가하는 추세고, 아예 결혼하지 않는 비혼율 역시 급격히 높아지고 있습니다. 은퇴 후 각자의 삶을 살아가는 '황혼 이혼'도 급증하고 있고, 심지어 결혼생활을 졸업한다는 의미의 '졸혼'이라는 신조어가 등장하기도 했습니다.

그래서 여성의 싱글 리스크가 고려돼야 합니다. 남성보다 훨씬 여유로운 노후 준비가 필요하고, 이와 관련하여 여성만을 위한 주거비, 생활비, 의료비 등의 대책이 별도로 수립돼야 하는 이유도 이 때문입니다.

무조건 아끼는 게
능사는 아니다

BANK   재테크 격언 중에 '부자가 되려면 수입의 50%는 무조건 저축하라'는 말이 있습니다. 물론 전혀 틀린 말은 아니지만 '부동산 공화국', '사교육 공화국'이라 불리는 우리나라에서 수입의 절반을 꼬박꼬박 저축하기란 쉬운 일이 아닙니다. 이를 실천할 수 있다고 해도 무작정 모으기만 해서는 부자가 되기 어렵습니다.

한때는 무작정 허리띠를 졸라매는 것이 최고의 재테크로 추앙받던 시절이 있었습니다. IMF 전까지만 해도 돈을 은행에 맡기기만 하면 10%대의 고금리 혜택이 주어졌기 때문에 주식, 채권, 펀드, 선물 등 잡다한 것에 신경 쓰지 않아도 부자가 될 수 있었죠.

부동산 불패 신화 또한 부자 만들기에 공을 세웠습니다. 개발 도상 기였던 우리나라 경제 현실과 전후 베이비붐 세대의 급격한 인구 증가가 맞물리면서 부동산은 사기만 하면 무조건 올랐고, 이는 부동산 불패라는 유례를 찾아볼 수 없는 기현상을 만들어냈습니다. 상황이 이러하다 보니 묻지도 따지지도 않고 돈을 모아, 어느 정도의 목돈이 만들어지면 부동산을 사는 것이 부자로 가는 '모범 답안'이었습니다. 하지만 이러한 공식은 'IMF'와 '서브프라임'이라는 두 번의 금융위기와 장기침체라는 파고를 겪으며 점차 무너지기 시작합니다.

재테크에 실패하는 진짜 이유

재테크란 단어가 등장하여 뜨거운 관심을 받기 시작한 지도 어느덧 10년이 훌쩍 넘는 세월이 흘렀지만, 막상 재테크로 크게 성공했다는 사람들은 쉽게 찾아보기 힘듭니다. 대체 왜일까요?

일단 '부자의 기준'에 대해 생각해볼 필요가 있습니다. 각종 미디어에서 말하는 부자의 기준을 종합하면 소위 백만장자(한화로 대략 11억 원 내외)로 요약할 수 있습니다.

아마도 일반적인 30~40대 평범한 회사원이라면 이 기준에 어느 정도 수긍할지 모르겠습니다. 하지만 100만 원 미만의 실질 소득으로 한 달을 살아가는 '88만 원 세대'에게 10억 원은 이룰 수 있는 목표가 아닌 아예 모르고 살았으면 좋을 별나라 이야기일지도 모릅니다.

반대로 강남에 몇 채의 빌딩을 소유한 소위 준재벌 혹은 그룹의 재벌 2세라면 어떨까요? 이들은 10억 원을 부자의 기준으로 여기지 않을 것입니다. 저는 강남에 건물 두 채를 가진 '빌딩 부자' 한 분을 알고 있습니다. 자산 가치만 따져도 수십억 원이 훌쩍 넘는 부자로, 제 기준에서는 더 이상 재테크가 필요하지 않아 보이는 사람입니다. 하지만 그는 아직도 자신은 부자가 아니라며 누구보다 투자에 열정을 쏟고 있습니다. 이처럼 부의 기준은 사람마다 다릅니다.

성공적인 재테크를 위한 두 번째 황금열쇠가 여기에 숨어 있습니다. 그것은 '부의 목표를 세우는 것'입니다. 우리가 부자가 되지 못하는 근본적인 이유는 그저 '부자가 되겠다'는 추상적인 목표를 세우기 때문입니다. 명확하지 않은 목표를 정하는 것은 '밑 빠진 독에 물을 붓는 것'과 같아서 필연적으로 실패가 뒤따르기 마련입니다.

매주 로또를 사는 데 열을 올리는 지인이 있습니다. 그는 "하늘에서 1억만 떨어졌으면 좋겠다"라는 말을 입에 달고 삽니다. 이처럼 단순히 돈이 많으면 행복해질 거라고 생각하는 사람이 많지만 이는 돈이 없어서 불편하거나 불행했던 경험에서 비롯된 것일 뿐 실제로 돈이 많다고 해서 행복이 보장되는 것은 아닙니다.

이와 관한 재미있는 이론이 있습니다. 많은 학자들이 오랫동안 돈과 행복의 관계를 연구해왔는데, 그중 미국의 경제학자 리처드 이스터린Richard Easterlin이 여러 국가의 다양한 사례를 통해 돈과 행복의 상관관계를 연구했습니다. 그는 잘사는 국가의 경우, 국민소득과 행복 수준이 비례하는 것은 아니라는 점을 발견합니다. 예를 들어 미국은 1946년 이후 눈부신 경제 성장으로 국민의 소득 수준 또한 엄청나게 발전했지만 행복 수준은 더 이상 높아지지 않았습니다. 이 같은 사실을 통해 결국 소득이 일정 수준에 이르고 기본적인 욕구가 충족되면 소득 증가가 행복에 영향을 미치지 않는다는 사실을 발견했는데, 이를 토대로 이스터린은 '돈이 있으면 행복해지지만 어느 정도의 돈이 모이면 더는 행복을 가져다주지 않는다'는 결론을 내립니다. 이를 '이스터린의 역설(Easterlin's paradox)'이라고 부릅니다.

　다시 말해 열심히 돈을 벌고 재테크에 목을 매지만 막상 재테크하는 목적이 분명하지 않으면 행복과는 거리가 멀어질 수 있다는 것입니다. 행복하기 위해 돈을 벌지만, 돈이 있다고 해서 행복이 뒤따라오는 것은 아닙니다. 일단 채워야 하는 독의 크기를 정확히 알아야만 '밑 빠진 독에 물을 붓는' 실패를 줄일 수 있습니다.

돈에 대한 태도가
자산을 결정한다

BANK 드라마를 보면 외모 관리에만 하루에 몇 시간은 투자해야 가능할 것 같은 매끈한 피부와 근육질 몸매의 '실장님'이 외제차를 타고 등장합니다. 명품 옷, 명품 구두, 명품 시계는 기본이고 하루 종일 일은 안 하고 연애만 하러 다니는 모습이 일상처럼 그려지고 모두가 이런 삶을 꿈꾸죠.

하지만 현실은 어떨까요? 현실 속 실장님들은 대부분 40대 이상에 축 처진 똥배는 기본이며 심지어 머리는 죄다 벗겨져 있고, 스트레스에 절어 있는 전형적인 아저씨일 가능성이 높습니다.

제 지인 중에는 꽤 많은 연봉을 받는 사람이 있습니다. 그의 아내

역시 고액 연봉자이기에 이들 부부는 경제적으로 주위의 많은 부러움을 삽니다. 하지만 이 부부는 높은 수입에 비해 이렇다 할 자산을 모으지 못했을 뿐 아니라, 매월 카드값에 허덕입니다. 이유는 간단합니다. 많이 버는 만큼 많이 쓰기 때문입니다. 월 1,000만 원을 벌어도 1,000만 원을 쓰는 삶을 살다보면 지금은 만족스러울지 몰라도 앞으로의 삶은 나아지기 힘듭니다. 300만 원을 벌어도 참고 참아 200만 원씩 모으는 생활을 감내한다면 나중에는 400만 원 혹은 그 이상의 인생을 살 수 있습니다. 이것이 재테크의 기본 원리입니다.

돈이 바닥나면 대부분은 일단 신세 한탄부터 늘어놓습니다. 그런데 왜 돈이 바닥났을까요? 결국 자신의 생활 태도가 낳은 결과임에도 사람들은 '돈'과 '나'를 떼어놓고 생각합니다. 하지만 돈의 흐름에는 '나'의 생활 태도가 담겨 있기 마련이고 그런 의미에서 지금 가지고 있는 돈의 양은 지나온 '내' 삶의 태도의 총결산이라는 점을 인정할 때 제대로 된 재테크를 시작할 수 있습니다. 이는 반대로 생각해보면 앞으로 돈에 대한 '나'의 태도를 바꾸면 자연히 돈이 모이게 될 것이란 진리를 일깨워줍니다.

'흥망성쇠興亡盛衰'라는 말이 있습니다. '산이 높으면 골이 깊다'는 말도 있습니다. 이는 세상의 모든 것에는 양면성이 존재한다는 뜻입니다. 세상 모든 일에는 그에 상응하는 대가가 있다는 의미로 경제학에서는 '공짜 점심은 없다'는 말이 비슷하게 사용됩니다.

막연하게 부자를 부러워할 것이 아니라 그렇게 되기 위해 얼마나 준비하고 노력해야 하는가에 대해 진지한 고민을 한다면 돈의 지배에서 벗어날 수 있습니다. 하지만 단순히 억대의 돈으로 먹고 사고 입을 수 있는 것들을 부러워한다면 영원히 돈의 지배에서 벗어날 수 없습니다.

불가능한 재테크에 목매지 마라

하버드대학교 교육위원회에서 진행했던 흥미로운 실험 하나를 소개합니다. 연구의 주제는 '삶의 목표를 글로 적어 구체화하는 것이 목표 실현에 어느 정도 영향을 미치는가'였습니다. 이 연구에 참여자들에게 주어진 과제는 딱 하나 '자신의 삶의 목표를 글로 적어보라'는 것이었습니다.

이 실험의 첫 번째 놀라운 점은 참여자 중 자신의 목표를 글로 구체화시켜 정리한 학생이 참가자의 단 3%에 불과했다는 사실입니다. 더 놀라운 결과는 그로부터 22년이 지나고 나서야 알려지게 됩니다.

해당 연구진은 당시 실험에 참여했던 학생들을 추적하여 그들의 자산 총액을 조사했습니다. 조사 결과 구체적인 목표를 적어냈던 3% 학생의 자산이 그렇지 않은 학생들에 비해 훨씬 많았던 것은 물론 심지어 이들 3% 학생의 자산 총액이 나머지 97% 학생의 자산을 모두 합친 총액보다도 많았다는 점입니다.

목표란 이처럼 엄청난 에너지를 발생시키는 원동력으로 작용합니다. 그런데 목표가 시너지를 발휘하기 위해서는 몇 가지 전제조건이 따릅니다. 일단 목표 자체가 '좋은 목표'여야 합니다. 재테크 관점에서 좋은 목표란 '현실 가능한 목표'이자 '구체적인 목표'를 말합니다.

현실적인 목표가 중요한 이유는 첫째, 구체적인 계획을 세울 수 있기 때문입니다. 예를 들어 현재 매월 100만 원 정도 저축이 가능한 사람이라면 이 돈을 꾸준히 투자해서 5년 후 목돈을 마련할 계획을 세울 수 있습니다. 그런데 모은 재산이 없고 이렇다 할 저축도 하지 않는 사람이 5년 안에 '타워팰리스 입주'라는 목표를 세운다면 현실적인 목표를 세웠다고 말하기 어려울 겁니다. 왜냐하면 좋은 목표란 현실 가능성이 충분히 동반되어야 하기 때문입니다.

둘째, 구체적인 목표는 측정이 가능합니다. 이와 관련된 흥미로운 실험이 있습니다. 한 심리학자가 장거리 마라톤 코스에서 3명의 선수들을 대상으로 한 가지 실험을 했습니다. A에겐 처음부터 끝까지 마라톤 코스와 목표를 알려주지 않았고, B에겐 출발할 때만 알려줬습니다. 반면 C에겐 처음부터 코스 길이가 42.195km라는 것을 알려주었고 중간중간 남은 km 수를 계속 알려줬습니다.

실험의 결과는 어땠을까요? 당연히 목표 없이 뛰던 A가 제일 먼저 낙오했고, B는 시작할 때 힘을 다 빼서 중간에 지쳐 낙오했습니다. 결국 C만이 나름대로 체력을 안배하며 목적지에 도착했습니다. 구체화된 목표는 C의 사례처럼 자신이 현재 어느 지점에 와 있는지, 결승점까지 얼마나 남았는지, 현재의 페이스는 적절한지 등의 정보를 제공하는 역할을 합니다.

실현 가능한 목표를 세우고 관리하라

지금은 종영된 '김생민의 영수증'이라는 TV 프로그램이 화제가 된 적이 있습니다. '돈은 안 쓰는 것이다!'라는 말을 목청껏 외쳤던 프로그램에 일반 대중들이 열광했던 이유는 무엇일까요?

첫 번째로 이 프로그램에 등장하는 주인공들은 드라마 속 실장님이 아니라 우리 주변에서 흔히 볼 수 있는 평범한 사람들이기 때문이 아닐까 싶습니다. 겉으로는 웰빙족, 포미족, 보보스족, 그루밍족 등 나름의 라이프스타일을 표방하며 꽤 그럴듯한 모습으로 살아가지만 그 이면에는 돈 문제로 골머리를 앓고 있는 사람들의 '가계부 커밍아웃'을 보며 '저들도 나와 똑같은 고민을 하고 있구나' 하는 공감대를 느낄 수 있었습니다.

두 번째는 물질만능주의에 대한 권태감입니다. 최근 몇 년간 등장했던 '웰빙라이프', '카르페디엠', '욜로' 등 신조어는 '바로 지금', '현재'의 가치를 대변하는 듯하지만 반대로는 취업난, 소득 불균형 등으로 아무리 발버둥 쳐도 벗어나기 힘든 요즘 세대의 탈출법이라는 어두운 면도 가지고 있었습니다. 지난 몇 년 동안 '욜로'를 외치며 살아왔지만 남은 것은 텅 빈 잔고와 점점 팍팍해지는 현실… 그 속에서 사람들은 '이렇게 사는 게 정말 맞는 걸까'라는 의문을 갖기 시작한 것 아닐까요?

성공적인 재테크를 위한 세 번째 황금열쇠는 '드라마 속 재테크에 목매지 않는 것'입니다. 허황된 목표로부터 시작된 재테크는 실망감과 허탈감, 더 나아가 스트레스만 가중시키는 결과를 가져올 뿐입니다. 약간의 성공을 한다고 해도 여전히 머나먼 목표로 인해 행복과는 점점 더 멀어지는 삶을 살게 될 위험이 커질 수 있습니다. 재테크에 열광하는 삶을 살면서 현실과 이상의 괴리감으로 고통스러워하는 근본적인 이유 역시 이처럼 할 수 없는 허황된 재테크에 목을 매기 때문입니다.

좋은 재테크란 화려한 투자 스킬과 금융 기법으로 무장한 재테크가 아닙니다. 좋은 재테크의 시작은 우선 내가 할 수 있는 현실적인 목표를 정하는 것입니다.

돈, 모으는 목적부터
명확히 하자

인간은 대부분 재주가 없어서가 아니라 목표가 없기 때문에 실패한다.

_윌리엄 A. 빌리 선데이

재테크에 성공한다는 것은 어떤 의미일까요? 이는 다른 사람의 기준이 아닌 자신의 기준을 정하고 그 목표를 달성하는 것입니다. 그렇기에 재테크를 할 때 스스로 가져야 할 첫 번째 질문은 '내가 만족할 만한 부의 총량이 과연 얼마일까?'라는 고민입니다.

이 질문을 한다면 '내가 만족할 만한 부의 총량은 어떻게 산출할 것인가?' 하는 고민이 잇달아 들 것입니다. 그 비밀을 푸는 첫 열쇠는 바로 '나는 왜 그 돈이 필요할까?'라는 질문입니다. 일정한 목돈 이상의 돈이 필요한 이유가 무엇인지, 예를 들어 '자녀 교육을 위해' 혹은 '내 집 마련을 위해'라는 답을 얻었다면 이는 곧 '자녀 교육 자금'과 '내 집 마련'이란 재무 목표로 연결시킬 수 있습니다.

인생이라는 큰 그림 속에서 미리 준비하지 않으면 안 될 정도의 목돈이 필요한 재무적 사건은 다음과 같이 크게 세 가지로 정리할 수 있습니다.

(각자의 상황에 맞게 한두 가지 항목이 추가되거나 빠질 수도 있습니다.)

◐ 인생의 3대 자금

① 내 집 마련 자금

② 자녀 교육 및 독립(결혼) 자금

③ 노후 자금

[생애주기별 주요 재무 목표]

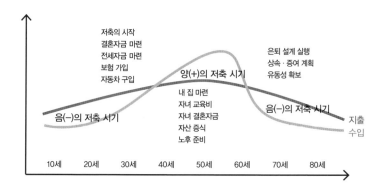

그다음으로 필요한 질문은 '그렇다면 얼마만큼의 돈이 필요할까?'입니다. 이는 본격적으로 필요한 부의 총량을 구체화시키는 과정입니다.

믿기 어렵겠지만 여기까지 스스로 묻고 답할 수 있다면 부자가 될 확률은 크게 늘었다고 할 수 있습니다. 물론 내가 원하는 목표를 100% 이룰 수 있을지 확실하지는 않지만 부자라는 기준의 목표치를 가지고 있다는 것만으로도 일단은 '밑 빠진 독의 구멍'은 이미 메운 것이나 다름없기 때문입니다.

신용카드를 잘 쓰는 게
과연 현명한 재테크일까?

 모든 주유소에서 리터당 80원 할인

마트 10% 할인

전달 30만 원 이상 이용 시 5% 할인 한도 부여!

우리나라 1인당 신용카드 보유 개수는 평균 5개나 된다고 합니다. 한 사람 지갑 속에 평균 4~5장의 신용카드가 있다는 얘기인데, 사실 이렇게 많은 카드를 소유하게 만든 주범은 바로 카드사의 다채로운 혜택들입니다.

　이런저런 혜택을 제공하고 카드사가 연회비로 받아가는 돈은 신용카드 한 장당 평균 1만 원 안팎입니다. 그렇다면 한 사람이 연회비로만 매년 5만 원 정도를 카드사에 헌납하고 있는 셈인데, 각종 할인 혜택이나 포인트 혜택 등으로 그 이상을 돌려받을 수 있기 때문에 신용카드를 쓰는 게 오히려 이득이라고 생각하는 사람들이 의외로 많습니다. 심지어 엄청난 신용카드 실적으로 쌓은 포인트를 훈장처럼 자랑하는 경우도 있죠. 하지만 정말 그럴까요?

최근 대중교통 할인 혜택과 주유 할인 혜택으로 큰 인기를 누리고 있는 L카드가 있습니다. 광고 내용을 살펴보면 대중교통 이용 시 10% 할인, 주유 시 리터당 80원이나 할인해주는 것도 모자라 연 1회 엔진오일 무상 교환 서비스까지 제공한다고 광고합니다. 이렇게만 보면 꽤 괜찮은 혜택처럼 보이겠지만 카드사도 바보는 아니겠죠. 약관을 자세히 살펴보면 '주유 할인 시 지정 고시 휘발유 가격 기준'이란 조건이 눈에 띕니다. 다시 말해 지정 고시 휘발유 가격이 2,000원인데, 동네에서 가장 저렴한 1,800원짜리 주유소를 이용했다면 할인 폭이 줄어든다는 의미입니다. 상대적으로 가격이 싼 경유나 LPG 차량이라면 실제 혜택은 훨씬 줄어들게 되겠죠. 그래도 이 정도는 애교로 넘어갈 수 있는 수준입니다.

약관을 읽다보면 '최대 할인 3만 원 한도(전월 카드 사용액의 5%)'라는 제한 조건이 깨알 같은 글씨로 적혀 있습니다. 최대 3만 원까지만 할인 혜택을 받을 수 있는 것도 모자라 이 혜택조차 100% 누리려면 전월 60만 원 이상을 해당 카드로 결제해야 된다는 얘기입니다.

이 정도로 끝날 거라고 생각했다면 카드사를 얕잡아본 겁니다. '할인받았던 품목(주유, 교통비, 하이패스 등)에 대해서는 할인 한도가 전혀 발생하지 않음'이란 문구도 있습니다. 예를 들어 해당 카드로 주유, 교통비로만 60만 원을 결제했다면 다음 달에는 할인 혜택을 전혀 누릴 수 없다는 얘기입니다. 이게 무슨 말일까요? 주유비, 교통비를 할인받기 위해 만든 카드인데 이 용도로만 사용하면 할인 혜택을 거의 받을 수 없는 황당한 상황에 직면할 수도 있다는 얘기입니다.

이해를 돕기 위해 한 가지 사례를 들어 설명했지만 다른 카드들도 크게 다르지 않습니다. 대표 혜택을 대문짝만하게 광고하며 가입을 유도하지만, 요란한 홍보 문구와는 달리 막상 사용해보면 숨겨진 조건들이 너무 많고 까다롭기 때문에 제대로 된 혜택을 모두 누리기는 쉽지 않습니다.

🅦 소득공제 때문에 일부러 카드를 많이 쓴다고?

직장인들은 오늘도 연말정산을 많이 받기 위해 열심히 신용카드를 사용합니다. 심지어 동네 슈퍼에서 음료수를 하나 살 때도 신용카드를 사용하는 사람들이 꽤 많습니다. 어차피 필요해서 사는 건데 카드로 결제하면 세제 혜택까지 준다니 마다할 이유가 없겠죠.

문제는 언제부터인가 연말정산을 많이 받기 위해 신용카드를 많이 사용하는 것이 마치 똑똑한 재테크인 것처럼 여겨지기 시작했다는 것입니다. 정말 신용카드를 많이 사용하는 것이 똑똑한 재테크라고 할 수 있을까요?

신용카드 소득공제란 신용카드를 사용하면 사용액의 일부를 세금으로 환급해주는 제도입니다. 단, 이를 위해서는 몇 가지 전제 조건이 따릅니다.

첫 번째, 소득공제율입니다. 현재 신용카드 소득공제율은 15%입니다. 소득공제율 15%란 신용카드 전체 사용액의 15%에 대해서만 세제 혜택을 주겠다는 의미입니다. 그런데 여기서 두 번째 조건이 등장합니다. 바로 신용카드 공제 문턱입니다. 이는 신용카드 최저 사용 금액이라고 부르는데, 현재 신용카드 최저 사용 금액은 총 급여의 25%입니다. 즉, 총 급여의 25%가 넘는 금액에 대해서만 소득공제 적용이 가능하단 의미입니다. 예를 들어 연봉이 5,000만 원이라면 최소 1,250만 원 이상을 신용카드로 사용해야 공제받을 수 있다는 말입니다. 마지막 조건은 공제 금액의 한도입니다. 연봉의 일정 부분을 신용카드로 사용한다고 해서 혜택을 무한대로 받을 수 있는 게 아닙니다. 현재 신용카드 소득공제 한도는 최대 300만 원입니다(전통시장 사용분 100만 원, 대중교통 사용분 100만 원은 추가 공제 가능합니다).

이를 실제 사례로 설명해보겠습니다. 직장생활 5년차 연봉 3,000만 원인 김 대리가 소득공제를 위해 매월 100만 원씩 연간 1,200만 원을 신용카드로 사용했습니다. 이 중 연봉의 25%인 750만 원을 제하면 소득공제 혜택을 받을 수 있는 금액은 450만 원으로 줄어듭니다. 여기서 신용카드 소득공제율은 15%이므로 450만 원의 15%인 67만 5,000원이 소득공제 금액이 됩니다. 그렇다고 67만 5,000원을 다 돌려받는 것도 아닙니다. 연봉이 3,000만 원인 김 대리의 소득세 구간은 6.6~16.5%(주민세 포함)에 해당됩니다. 결론적으로 실수령액 월 200만 원 정도 받는 김 대리가 월급의 절반인 100만 원을 매달 신용카드로 사용하고 돌려받을 수 있는 세액은 겨우 11만 원 정도에 불과합니다.

또 연봉 3,000만 원을 받는 김 대리가 신용카드 소득공제 한도인 300만 원을 모두 채우려면 신용카드로만 2,750만 원을 사용해야 한

[2018년 기준 소득세율]

과세표준	기본세율	기본세율(손산표)
1,200만 원 이하	과세표준의 100분의 6	과세표준×6%
1,200만 원 초과 ~4,600만 원 이하	72만 원+(1,200만 원 초과 금액의 100분의 15)	(과세표준×15%)−108만 원
4,600만 원 초과 ~8,800만 원 이하	582만 원+(4,600만 원 초과 금액의 100분의 24)	(과세표준×24%)−522만 원
8,800만 원 초과 ~1억 5,000만 원 이하	1,590만 원+(8,800만 원 초과 금액의 100분의 35)	(과세표준×35%)−1,490만 원
1억 5,000만 원 초과 ~5억 원 이하	3,760만 원+(1억 5,000만 원 초과 금액의 100분의 38)	(과세표준×38%)−1,910만 원
5억 원 초과	17,060만 원+(5억 원 초과 금액의 100분의 40)	(과세표준×40%)−2,940만 원

다는 계산이 나옵니다. 다시 말해 김 대리가 신용카드 소득공제 혜택을 모두 누리려면 세금 및 4대 보험 등의 공제 금액을 빼고 번 돈을 모조리 카드사에 헌납해도 될까 말까라는 뜻입니다.

어차피 사용하는 건데 이 정도 혜택이라도 받는 것이 어디냐고 생각할 수도 있지만, 소득공제 혜택을 위해 소비를 늘리는 게 현명한 선택인지는 꼼꼼히 따져볼 필요가 있습니다.

재테크의 기본을 잊지 마라

신용카드를 주제로 이야기했지만 이처럼 배보다 배꼽이 더 큰 사례들은 우리 주변에 무수히 많습니다. 갖가지 첨단 시스템과 마케팅으로 무장한 고수들이 온갖 유혹과 최면술로 우리의 주머니를 호시탐탐 노리고 있습니다. 부자 엄마로 가는 마지막 황금열쇠는 '재테크의 기본을 잊지 말라'는 것입니다. 저 역시 주변에서 '안전하면서 수익률 높은 상품 어디 없어요?'라는 식의 질문을 수도 없이 받습니다. 경제학을 흔히 '선택의 학문'이라고 합니다. 하나를 얻으면 반드시 잃는 것이 있듯 놀기만 하면서 공부 실력이 늘 수 없고, 소비만 하면서 돈을 모을 수 없는 것이 만고불변의 이치입니다. 안전하면서 고수익이 나는 상품이나 적은 비용으로 엄청난 혜택을 주는 상품은 불행히도 현실에는 존재하지 않습니다.

신용카드를 쓸 때
소비가 더 과감해진다

신용카드는 결제를 지연시켜 당장 지갑에서 돈이 나가지 않게 하기 때문에 공짜라는 심리적 안정감을 제공합니다. 제가 어렸을 때 아버지께서 "지갑이 빵빵해야 마음이 편하다"는 말을 자주 하시던 기억이 납니다. 신용카드가 없던 시절에는 지갑에 들어 있는 잔액 범위 내에서만 소비가 가능했으니 지갑에 현금이 없으면 마음이 불안해졌을 것입니다.

반면 신용카드는 한도 내에서 얼마든지 소비할 수 있으므로 소비에 있어 일종의 자신감을 제공합니다. 실제 심리학자들의 몇 가지 실험에서도 신용카드가 소비 자신감을 높여준다는 점은 여러 차례 입증된 바 있습니다. 문제는 신용카드의 결제 지연 효과가 주는 과도한 자신감이 소비를 늘려서 현금흐름 악화로 연결되는 경우가 적지 않다는 점입니다.

신용카드를 사용해봤다면 느끼셨겠지만 현금을 사용할 때보다 종종 더 큰 씀씀이를 발휘할 때가 생깁니다. 왜 그런 걸까요?

예를 들어 양복이나 드레스 같은 비싼 옷을 사려는 사람이 있습니다. 옷을 현금으로 사려면 소득 수준에 따라 제약을 받게 될 확률이 큽니다. 현재 주머니 사정에 따라 구매 여부가 결정되기 때문입니다. 그런데 신용카드로 결제할 때는 다릅니다. 지금의 사정보다는 미래 주머니 사정에 따라 구입 여부를 결정하게 될 확률이 커집니다. 당장 지금 돈이 없어도 미래의 수입에서 옷값을 지불할 것을 전제로 구매하는 것입니다.

신용카드를 활용해 미래의 소득을 담보로 비싼 옷을 샀다고 합시다. 현명한 소비자라면 미래에 지불해야 할 옷값을 위해 오늘부터라도 씀씀이를 줄여 이 돈을 모아야 합니다. 하지만 실제 카드 구매자 중 돌아올 대금을 미리 준비해놓는 사람은 거의 없습니다. 미래에 대해 낙천적인 성향을 가진 사람일수록 신용카드의 유혹에 빠지기 쉽다고 합니다.

이자 한 푼 내지 않고도 지불을 한 달씩이나 지연시켜주고, 쓰기만 해도 차곡차곡 쌓이는 각종 포인트에 가맹점 할인 혜택, 비싼 물건을 사도 부담이 덜하도록 배려해주는 할부 서비스까지 자본주의 사회에서 신용카드가 주는 편리함과 혜택을 무시하기란 쉽지 않습니다. 솔직히 혜택으로만 본다면 이처럼 좋은 혜택이 공짜라는 것이 믿기지 않을 정도죠. 그런데 그 포인트와 할인 혜택을 과연 얼마나 누리고 있는지를 가만히 생각해보면 득보다 실이 많다는 것을 알 수 있습니다. 얄팍한 포인트와 달콤한 혜택이 오히려 나의 현금흐름을 악화시키고 빚의 노예로 종속시키는 교묘한 함정은 아닌지 곰곰이 생각해 볼 필요가 있다는 얘기입니다. 달콤한 소비의 유혹의 함정에 빠진다면 영원히 돈의 노예 신세를 면치 못할 수도 있기 때문입니다.

2장

부자 엄마가
되기 위한
재테크의 기초

생애주기에 맞는
재테크를 준비하라

트렌드가 한 시대를 반영하듯 그 시대의 언어는 그 세대를 반영합니다. 20대 태반이 백수라는 '이태백', 인턴생활을 반복하다 보니 기업 부장만큼 풍부한 경험을 쌓았다는 '부장 인턴' 등의 신조어는 요즘 세대의 극심한 청년 실업 분위기를 대변하는 듯합니다. 이렇듯 험난한 취업문을 통과하고 본격적인 사회생활을 시작하면 지금까진 전혀 겪지 못한 새로운 문제에 직면하게 됩니다. 바로 '돈 문제'입니다.

어려운 취업 관문을 통과하고 첫 출근을 하게 된 '기쁨'은 딱 한 달에 불과합니다. 사회생활을 시작한 사람들 대부분은 첫 월급을 받음과 동시에 패닉에 빠집니다. 그도 그럴 것이 취업만 하면 부모님 용돈도 팍팍 드리고, 친구들한테 한턱 멋지게 쏘고, 차도 뽑고, 집도 넓은 곳으로 옮길 수 있을 줄 알았는데 내 손에 쥐어진 것은 겨우 카드값 막고 남은 몇 푼이 전부이기 때문이죠.

이때 문제의 주범으로 먼저 지목되는 것이 바로 '쥐꼬리만 한 월급'입니다. 애초에 실컷 쓰고 남을 정도의 수입이 있다면 돈 문제 같은 것은 생기지 않았을 테니까요. 얼핏 생각하면 맞는 말 같습니다.

하지만 수입을 늘린다는 것은 생각만큼 쉽지 않은 일이고, 인정하긴 싫겠지만 진짜 주범은 '나의 씀씀이'일 확률이 큽니다. 만약 매달 카드값에 쫓기는 삶을 살고 있다면 일명 '품위 유지 비용'이란 명목으로 소득 대비 감당할 수 없는 소비를 하고 있는 것은 아닌지 진지한 고민이 필요한 시점이죠. 지출을 제어하지 못하면 정말 필요한 지출이 생길 때 이를 감당하지 못한다는 점을 명심해야 합니다. 그렇다면 나를 기다리는 정말 중요한 지출들은 어떤 것들이 있을까요?

나를 기다리는 중요한 첫 번째 지출: 결혼

인생의 빅 이벤트라고 하면 결혼, 출산 및 양육, 내 집 마련, 은퇴 준비 등을 꼽을 수 있습니다. 문제는 이러한 미션을 완수하는 데 큰돈이 든다는 점입니다.

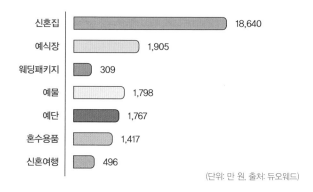

신혼집	18,640
예식장	1,905
웨딩패키지	309
예물	1,798
예단	1,767
혼수용품	1,417
신혼여행	496

(단위: 만 원, 출처: 듀오웨드)

　한 결혼 컨설팅 업체가 국내 신혼부부 1,000쌍을 대상으로 조사한 '2017년 신혼부부의 결혼비용 실태보고서'에 따르면 우리나라 신혼부부의 평균 결혼비용은 2억 6,332만 원에 달한다고 합니다. 이 중 주택에 드는 비용은 전체의 70%인 약 1억 9,000만 원에 달하는데, 결코 만만치 않은 비용입니다.

　요즘 취업하기가, 낙타가 바늘구멍 통과하기보다 어렵다고 하지만 큰돈이 필요한 결혼 또한 청년들에게 또 하나의 바늘구멍이 돼가고 있습니다. '그까짓 결혼, 돈이 없으면 없는 대로 하면 되지~'라고 생각할지 모르겠지만 당장 신혼집을 구하기 위해 근처 부동산만 나가봐도 현실의 벽이 높음을 느낄 수 있습니다.

　엄청난 전세 보증금은 차치하더라도 전세대란으로 제대로 된 전셋집 구하기가 하늘의 별따기이고, 설령 정부에서 지원하는 전세 대출이 있다고 해도 집주인의 허락을 맡아야 하고, 정부에서 지원하는 행복주택이 있다고 해서 모델하우스를 가봤더니 경쟁률이 100:1, 200:1이라고 합니다. 이 이야기는 결혼을 앞둔 한 후배가 "결혼이 이런 건지 몰랐다"며 볼멘소리로 털어놓았던 이야기입니다. 그 후배만의 특별한 사례면 좋으련만 불행히도 대다수의 현실도 이와 비슷합니다.

나를 기다리는 중요한 두 번째 지출: 육아와 교육

요즘에는 결혼은 선택이고, 출산은 옵션이라고 말합니다. 하지만 여전히 결혼과 육아는 떼려야 뗄 수 없는 관계입니다. 아이를 낳아 키우는 데 필요한 것들은 무엇이 있을까요?

자녀를 키울 때 꼭 물질적인 것만 필요한 것은 아니지만, 물질적으로 꽤 많은 돈이 필요하다는 점 역시 부인할 수 없을 겁니다. 특히 많은 워킹맘들이 회사를 계속 다녀야 할지 말아야 할지 갈등하는 것도 따지고 보면 돈 문제가 밑바탕에 깔려 있습니다. 직장을 그만두고 전업맘으로 아이를 키우고 싶다는 생각도 해보지만 '당장 회사를 그만두면 아이 교육비를 감당할 수 있을까' 하는 고민이 앞섭니다.

실제로 보건복지부에서 조사한 결혼 및 출산 동향에 따르면 아이 하나를 낳아 대학을 졸업시키는 데까지 필요한 비용이 3억 896만 원이라고 합니다(2012년 기준). 그나마도 이는 몇 년 전 통계이니 지금부터 아이를 키워야 하는 부모라면 더 많은 비용을 지출해야 할지도 모릅니다.

ⓦ 나를 기다리는 중요한 세 번째 지출: 내 집 마련

우리는 서울의 평균 집값이 7억 원이 넘는 시대를 살고 있습니다 (2018년 5월 KB부동산 기준). 주택 유형이나 지역에 따라 편차가 크긴 하지만 전국으로 범위를 넓혀 봐도 평균 집값은 3억 원을 훌쩍 넘습니다. 내 집 마련 비용 또한 절대로 만만치 않습니다.

'난 전세로 살겠어'라고 생각하는 분들의 상황도 별반 다르지 않습니다. 전국 주택의 전세가 비율은 70% 전후가 된 지 오래입니다 (2018년 기준). 심지어 수도권 일부 지역은 90%를 넘어선 곳도 있죠. 예전에는 임차를 통해 주거비용 부담을 줄일 수 있었지만 이제는 그마저도 여의치 않은 상황입니다.

나를 기다리는 중요한 네 번째 지출: 은퇴 준비

자녀 한 명을 키우는 데 3억 원이 든다고 하고, 서울에 내 집 마련이라도 하려면 평균 7억 원이 필요하다고 합니다. 사실 이런 얘기만 듣고 있어도 한숨이 나오는데, 더 큰 문제가 또 있습니다.

바로 누구도 피할 수 없는 '노후 생활'입니다. 국민연금연구원에 따르면 부부만 함께 사는 노인 1가구당 매년 약 1,700만 원의 생활비를 지출한다고 합니다. 은퇴 이후 기간을 단순히 20년으로 계산해도 최소한의 생활비만 3억 원이 넘게 필요하다는 얘기입니다.

이 돈을 오롯이 현금으로 준비하기는 쉽지 않겠지만, 어쨌든 이러한 중요한 지출을 감당하기 위해서는 별로 중요치 않은 지출을 과감히 포기해야 한다는 점을 인식해야 합니다. 하루라도 빨리 이를 위한 돈 관리 계획을 세워야 함은 물론이죠.

[당신을 기다리는 중요한 지출들]

결혼 자금	2억 7,000만 원(주택비용 1억 9,000만 원)
육아·교육비	3억 896만 원
내 집 마련	3억 4,508만 원(2018년 5월 KB부동산 기준 전국 평균)
노후 준비	매년 1,700만 원

부자들의 재테크 습관을
따라 하라

 부자 연구가로 유명한 토머스 J. 스탠리* 박사의 '부자 지수'라는 것이 있습니다. 부자 지수 는 지금 현재 부자인가 아닌가를 따져보는 재미있 는 법칙이죠. 지금 이 책을 읽는 독자들도 가벼운 마음으로 자신의 부자 지수를 측정해보면 좋을 듯 합니다. 부자 지수를 구하는 공식은 다음과 같습니다.

토머스 J. 스탠리
1973년부터 부자에 대한 연구·강연 및 저술 활동을 해오고 있는 미국의 부자 전문가. 저서로는 《백만장자가 되는 법》 등이 있다.

부자 지수 = [(순자산액×10)÷(나이×총소득)]

계산 결과가 '2' 이상이면 부자가 될 가능성이 꽤 높은 사람입니다. 부자 지수가 흥미로운 것은 내가 현재 부자인지 아닌지보다 앞으로 부자가 될 가능성이 어떤지를 따져볼 수 있기 때문입니다.

부자 지수의 공식을 살펴보면 공식에 부자가 되는 해답이 숨어 있습니다. 가장 먼저 분자에 해당하는 순자산이 많을수록 부자 지수가 높습니다. 흥미로운 점은 현재 자산이 동일할 때 총소득이 많은 사람일수록 부자 지수가 낮아진다는 점입니다. 이는 상대적으로 소득이 많은 환경적 요인에도 불구하고 순자산을 많이 늘리지 못했음을 의미하기 때문입니다. 다시 말해 단순히 소득이 많은 것보다 분수에 맞는 생활을 하고 있는지가 앞으로 부자가 되는 데 더 중요하다는 의미입니다.

마지막으로 나이가 어릴수록 부자 지수가 높게 나타나는 특징도 주목할 필요가 있습니다. 현재 가진 자산이 많지 않더라도 어릴수록 부자가 될 확률이 높다는 뜻입니다. 하루라도 빨리 부자가 될 준비를 시작해야 하는 이유도 이 때문입니다. 당장 가진 돈이 없더라도 시간이라는 자산이 있다면 부자가 될 가능성은 여전히 유효하다는 이야기니까요.

지출 습관부터 잡아라

운동을 처음 배울 때 가장 힘든 것은 기본기를 익히는 것입니다. 사실 프로와 아마추어를 가르는 가장 큰 차이도 기본기라고 합니다. 탄탄한 기본기야말로 좀 더 큰 부자가 되기 위한 지름길이라 할 수 있습니다. 그런 관점에서 재테크에도 기본기가 중요합니다.

재테크의 기본기란 생애주기에 기반을 둔 명확하고 실행 가능한 재무 계획을 수립하는 것입니다. 그래야만 그에 맞는 금융상품을 선택할 수 있고 저축(투자) 기간을 결정할 수 있기 때문입니다. 이러한 과정 없이 단순히 당장 높은 수익을 거두는 것만을 목표로 해서는 성공보다 실패할 확률이 높습니다.

저축 습관이나 지출 습관을 잘 들이는 것 또한 기본기를 탄탄하게 만드는 좋은 방법입니다. 저축이나 지출을 그때그때 상황에 따라 이성적으로 판단한다는 것은 쉬운 일이 아닙니다. 어려운 관문을 뚫고 취업에 성공했다는 기쁨에 자칫 잘못된 지출 습관이 몸에 배어버리게 되면 나중에 이를 고치기란 쉽지 않습니다. 사회 초년생 때 생긴 잘못된 지출 습관은 결혼 후에도 이어질 가능성이 높습니다.

돈 되는 정보는 따로 있다

재테크에 관심을 갖기 시작했다면 본격적으로 돈 되는 지식을 쌓아야 합니다. '이 나이에 무슨 공부?'라며 손사래 치기만 해서는 아무런 도움이 되지 않습니다. 어제의 지식도 낡은 지식이 될 정도로 빠르게 변해가는 세상에서 지식과 정보를 얻기 위해 아무런 노력도 하지 않고 부자가 되길 꿈꾼다면 이는 허황된 욕심에 불과합니다.

지금 당장 실행하라

평생 착하게 산 사람에게 산신령이 한 가지 소원을 들어주기로 했습니다. 그 사람은 지독한 가난에서 벗어나고 싶은 마음에 복권 1등에 당첨되게 해달라고 빌었습니다. 하지만 아무리 시간이 지나도 당첨 소식이 들려오지 않자 그는 산신령을 찾아가 "왜 소원을 들어주지 않습니까" 하며 따져 물었습니다. 그러자 산신령은 "복권을 사야 당첨시켜줄 것이 아니냐!"라며 화를 냈다고 합니다.

만약 성공하는 사람과 실패하는 사람을 가르는 기준이 있다면 그것은 아마 행동에 옮겼느냐, 차일피일 미루다가 포기했느냐가 아닐까 싶습니다. 아무리 좋은 아이디어와 투자안이 있다고 해도 실천하지 않으면 어떠한 수익도 얻을 수 없기 때문입니다.

부자 친구를 둬라

보통 재테크를 처음 시작하는 사람들이 가장 먼저 하는 일이 무턱대고 금융상품에 가입하는 것입니다. 가장 많이 가입하는 금융상품 중 하나가 예적금인데, 같은 상품에 가입하더라도 그 모습이나 행태는 천차만별입니다. 어떤 사람은 그냥 가까운 은행에 가서 덜컥 가입하는가 하면 어떤 이들은 다른 은행에 비해 단 몇 %라도 많은 이자를 주는 곳에 가입합니다. 보통 후자의 경우를 좋은 재테크라고 평합니다. 왜일까요? 당연히 더 높은 이자를 받았기 때문이라고 말할 수 있을 것입니다.

재테크 강연을 다니다 보면 가장 많이 받는 질문 중 하나가 "재테크가 처음인데 무엇부터 시작하면 좋을까요?"입니다. 이런 분들께 하는 답변은 '관심을 가져 보라'는 것입니다. 앞의 사례에서 은행 이자를 비교해보았다는 것은 '금리에 대한 궁금증을 직접 알아보고자 시도했다'는 것을 의미합니다. 여기서 관심이 더 생긴다면 단리와 복리 등 이자율의 개념에 대해 관심을 갖게 될 수 있고, 더 나아가 기준금리, 표준이율, 명목이율, 실질이율 등 관련된 많은 지식에도 관심을 갖게 될 것이 분명합니다. 모두 작은 관심에서 시작된 결과물입니다.

유대인의 속담 중에 '부자와 친해져라'라는 말이 있습니다. 부자를 친구로 두면 밥이나 술도 얻어먹을 수 있고, 물질적으로 도움받을 수 있으니 맞는 말이라 생각하겠지만 이 속담에는 더 깊은 뜻이 숨어 있습니다. 노래를 잘하려면 음악과 친해야 하고, 영어를 잘하려면 영어와 친해야 하는 것처럼 결국 부자가 되려면 돈에 관심을 가지고 돈과 친해져야 한다는 뜻입니다.

종잣돈 마련의 골든타임,
신혼 초 돈 관리 노하우

연애를 '사랑과 영혼'에 비유한다면 결혼은 '사랑과 전쟁'에 비유하곤 합니다. 대부분의 멜로 영화들이 결혼 전에 해피엔딩으로 끝을 맺는 이유 역시 결혼 후의 삶이 '해피'하지만은 않기 때문이라는 우스갯소리도 있죠. 이런 비유가 좀 과장됐다 할지라도 연애 시절과 결혼 후의 삶이 많이 다르다는 것은 누구도 부인하기 어려울 것입니다.

기혼자라면 공감하겠지만 전혀 다른 삶의 방식을 가진 두 사람이 만나 한 가정을 꾸려간다는 것은 그리 간단한 문제가 아닙니다. 서로 충분히 논의하고 이해하지 않는다면 결혼 후 재테크야말로 혼자 하는 재테크보다 몇 배 더 힘들 수 있습니다. 하지만 서로의 차이를 인정하고 함께한다면 오히려 더 빨리 더 많은 성과를 낼 수도 있습니다.

그런 면에서 신혼 시절은 재테크의 첫 단추를 꿰는 시기라 할 수 있습니다. 신혼 시절 3년의 재테크가 앞으로 한 가정의 경제생활을 결정한다고도 해도 과언은 아닐 것입니다.

수입은 두 배가 됐는데 왜 돈이 안 모일까

직접 상담을 했던 한 신혼부부 이야기를 해볼까 합니다. 당시 맞벌이 결혼 2년차였던 한 부부는 일정 금액의 공동 생활비만을 제외하고 각자 벌어 각자 생활하고 있었습니다. 각자 돈 관리를 하자는 남편의 권유에 아내도 동의했고, 2년간은 이렇다 할 문제가 없었습니다.

그런데 전세 기간이 만료되면서 집주인이 전세 보증금을 크게 올려달라고 하자 문제가 발생하게 됩니다. 아내는 남편을, 남편은 아내를 믿으며 그동안 재테크를 등한시하고 있었던 탓에 가계에 이렇다 할 여유 자금이 없다는 사실이 수면 위로 드러난 것입니다.

요즘에는 각자 월급을 관리하는 부부가 적지 않습니다. 서로 잘 관리한다면 문제가 없겠지만, 서로의 경제 상황을 잘 모르면서 효율적인 재테크를 한다는 것은 쉬운 일이 아닙니다. 또 공동으로 지출 관리를 하지 않으면 불필요한 지출이 늘 수밖에 없고 이로 인해 합리적인 가계 운영 또한 어려워지기 마련입니다.

특히 당장은 이렇다 할 문제가 없을 수 있지만, 장기적인 계획을 세운다면 이를 달성하기가 상대적으로 불리합니다. 더구나 요즘은 늘어난 결혼비용과 주택비용 등으로 인해 빚을 안고 결혼 생활을 시작하는 부부가 대부분입니다. 대출금 갚기도 빠듯한 게 현실인데, 각자가 효율적인 재테크 계획을 세우기는 쉽지 않죠.

보통 결혼 후 맞벌이를 하면 수입이 두 배로 늘게 됩니다. 당연히 수입이 두 배로 늘었으니 저축도 두 배로 늘 것이라 착각하지만 결혼 후 많은 이들이 경험하는 현실의 모습은 그렇지 못합니다. 두 배가 된 수입도 중요하지만 지출을 어떻게 관리하는가가 결혼 후 재테크의 성패를 가르는 열쇠라는 뜻입니다.

결혼 후 통장부터 합치기

부부라는 이름으로 생활하게 되면 생활습관, 식습관, 패션, 정리정돈, 하다못해 치약 짜는 법 등 세세하게 서로의 다른 점을 발견하고 이른바 '문화 충격'을 겪는 이들이 적지 않습니다. 몇 십 년을 전혀 다른 환경에서 살아왔으니 어찌 보면 당연한 셈이죠. 경제생활이나 경제 관념도 예외가 될 리 없습니다. 이러한 차이를 서로 얼마나 이해하고 줄여 가느냐가 신혼부부 재테크의 첫 단추이자 핵심입니다.

요즘 젊은 예비부부들의 경우 결혼 전에 건강검진을 받는 것이 유행이라고 합니다. 오랫동안 행복한 결혼생활을 영위하기 위한 조건 중 하나로 서로의 건강 상태를 확인하는 것이 중요하다고 생각하기 때문이랍니다. 결혼 후 가정생활 설계에 큰 도움이 된다는 측면에서 매우 바람직한 현상이란 생각이 듭니다.

같은 맥락에서 결혼 전에 서로의 경제 상태를 진단해보길 권합니다. 서로의 소득 수준과 소비 패턴, 돈에 대한 가치관 등에 대해 서로 낱낱이 공개하고 충분히 커뮤니케이션하는 과정은 꼭 필요합니다. 지금의 건강 상태를 알아야 제대로 된 처방전이 나올 수 있듯, 월급통장 현황, 대출금 현황, 한 달 소비 현황, 할부금이나 정기예금 여부, 부동산 보유 여부 등 경제 상황을 서로 공유하고 상의해야만 제대로 된 계획을 세울 수 있습니다.

이왕이면 수입, 지출, 부채, 자산의 네 가지 영역으로 구분하여 각자 영역별로 구체적인 수치를 적어보면 더 좋습니다. 이 과정에서 상황이 이렇다 저렇다 평가하고 상대를 비난하기보다 서로 이해하고 공감하는 과정이 필요합니다. 물론 돈 문제는 예민합니다. 그래서 자칫하면 감정 싸움으로 번질 수도 있습니다. 이때 중요한 것은 일방적인 주장이 아닌 상대방을 이해하고 배려하는 마음입니다. 돈 문제로 싸우게 되면 감정이 상해 앞으로 이에 대한 대화를 하지 않게 될 가능성이 높습니다.

서로의 경제 사정을 이해했다면 가계부는 되도록 빨리 합치고, 두 명의 지혜로 돈을 관리하는 것이 좋습니다. 이를 나중으로 미루면 미룰수록 통장 합치기는 점점 힘들어질 수밖에 없습니다.

ⓦ 재테크 리모델링하기

통장을 합쳤다면 각자의 경제 상황, 통장 내역, 투자 내역 등을 터놓고 겹치는 부분과 부족한 부분이 무엇인지 살펴봐야 합니다. 이 과정을 통해 불필요한 중복 투자는 없는지, 비효율적으로 수수료가 새어 나가는 곳은 없는지 등을 검토해야 합니다.

보험 리모델링도 신혼 초에 꼭 확인해야 하는 필수 항목 중 하나입니다. 결혼을 하고 가정을 꾸리게 되면 달라지는 환경 변화만큼 보험의 필요 또한 변하기 때문입니다. 특히 재테크의 첫 단계를 '리스크 관리'라고 할 때 보장자산은 가계의 부를 쌓아 올리는 데 있어 기초 공사에 해당합니다.

재테크의 필수라는 상품 가입도 꼼꼼히 챙겨볼 필요가 있습니다. 예를 들어 청약통장에 가입은 되어 있는지, 세제 혜택이 있는 금융상품은 모두 챙겨 가입하고 있는지 등 신혼부부들의 필수 상품이라고 하는 금융상품 가입 여부도 꼭 확인해보고 필요한 부분이 있다면 가입을 검토하는 것이 좋습니다.

목표가 있어야 낭비도 없다

가계부를 합친 후에 오히려 씀씀이가 커졌다고 하소연하는 부부들도 종종 있습니다. 이런 일을 방지하기 위해서는 뚜렷한 재무 목표를 세워야 합니다. 앞서 살펴봤던 수입, 지출, 부채, 자산 등을 잘 조합해 공동의 목표를 세워야 합니다. 이때는 부부가 가진 가치, 태도, 신념, 교육 수준, 사회적 위치 등도 영향을 줄 수 있는데, 이 부분에 대해서도 허심탄회하게 이야기하고 필요하다면 전문가의 조언을 받는 것도 좋습니다.

"우리 가계의 재무 목표는 무엇일까?"

무엇부터 시작해야 할지 잘 모르겠다면 스스로 이와 같은 질문을 해보면 좋습니다. 마땅한 대답이 떠오르지 않을 수도 있지만 대개는 구체적으로 정리해본 적이 없어서 막연해하는 것일 뿐, 경제 활동을 하며 세상을 살아가는 이들에게 있어 재무 목표란 절대로 어려운 개념이 아닙니다.

재무 목표란 미래의 꿈을 계획하듯 재무적인 관점에서 목표를 설정하고 목표 자금을 나이, 기간, 금액에 맞추어 수치화하는 것을 의미합니다.

언제, 얼마나, 무엇이 필요한가?

목표는 현실적이고 구체적일수록 좋습니다. 현실성이 떨어지는 목표는 동기부여가 되지 않을뿐더러 달성하기도 어렵기 때문입니다.

큰 틀에서의 가계의 재무 목표를 정했다면 다음 과정은 이 자금이 필요한 시기와 자금의 규모를 결정하는 일입니다. 다시 말해 각각의 재무 목표를 위해 언제, 얼마의 자금이 필요한지 수치화하고 구체화해야 하는데, 이는 본격적으로 내게 필요한 부의 총량總量을 구하는 과정이라 할 수 있습니다.

다음으로 우선순위를 정해야 합니다. 실제로 목표를 위해 필요한 자금을 구체화하다 보면 생각보다 필요한 자금이 많아서 놀라는 경우가 많습니다. 각자가 생각하고 꿈꾸는 재무 목표를 모두 달성할 수 있다면 좋겠지만, 한정된 재원으로 모든 재무 목표를 완벽히 준비하기는 현실적으로 어려울 수 있습니다. 이런 상황을 위해 주택, 자녀 교육, 은퇴 등 여러 재무 목표들 간의 우선순위를 정할 필요가 있습니다.

결혼 후 3년이 중요하다

생애주기에 따른 재무 목표와 재무 계획의 틀이 마련됐다면 이제부터 본격적으로 할 일은 '시드머니SeedMoney'라고 불리는 '종잣돈 마련'에 집중하는 것입니다. 재테크의 기본은 종잣돈 만들기 즉, 목돈 마련입니다. 목돈을 만들기 위해서는 종잣돈이 있어야 하고, 종잣돈을 기반으로 좀 더 높은 수익을 낼 수 있습니다. 목돈 마련을 위해 기본적으로 설정해야 하는 목표는 다음과 같습니다.

① 매월 투자(혹은 저축) 가능한 금액 설정(저축 금액)
② 목표로 하는 종잣돈의 규모 설정(목표 금액)
③ 목표로 하는 종잣돈 마련 가능 기간 설정(저축 기간)
④ 목표로 하는 기간 내에 투자 가능한 금액을 기반으로 필요한 수익률 설정(목표 수익률)
⑤ 종잣돈 마련의 목적 결정(재무 목표)

특히 신혼 초 3년은 자녀가 없거나, 있어도 어리기 때문에 교육비 지출이 많지 않는 시기입니다. 아이가 자라면 교육비 비중이 급격히 늘고, 주거 환경이 변함에 따라 주거비 비중 또한 크게 늘게 됩니다. 신혼 초에는 대부분 맞벌이를 하지만 아이가 자라면 육아, 교육 문제 등 이런 저런 이유로 외벌이로 전환할 확률도 높아집니다. 그때부터 종잣돈 마련을 한다면 훨씬 더 긴 기간이 걸릴 수밖에 없습니다. 신혼 초 3년을 종잣돈 마련의 최적기라고 하는 이유도 이 때문입니다. 더군다나 시간이라는 자산을 최대한 활용한다는 관점에서도 신혼 초

목돈 마련은 매우 중요합니다. 인생에서 골든타임이라고 할 수 있는
신혼 초 재테크가 중요한 이유입니다

목돈 마련의 기본이 되는 금융상품 추천

투자의 기본은 '종잣돈' 일명 '시드머니'를 마련하는 것입니다. 그도 그럴 것이 한푼도 없는 사람이 투자를 할 수는 없기 때문입니다. 재테크 초보자가 재테크를 하려면 일정 수준의 수입과 현금이 있어야 합니다. 즉, 어느 정도의 돈이 있어야 그에 맞게 계획을 세울 수 있고, 장기적인 투자 계획도 세울 수 있습니다. 종잣돈을 마련하는 방법에는 여러 가지가 있는데, 가장 기본이 되는 금융상품들로는 예금과 적금 그리고 펀드, 채권, 주식 투자 등을 꼽을 수 있습니다.

◉ 은행권 예적금

가장 안정적인 방법으로, 매월 불입금액, 적금, 예금 금리, 투자 기간, 최종적으로 필요한 종잣돈 금액을 고려하여 계획을 세울 때 유용합니다.

가장 안정적으로 목표 달성이 가능하다는 점이 장점입니다.

◯ 채권·적립식펀드 등 간접 투자 상품

적금, 예금 상품들보다 다소 변동성(리스크)이 크지만, 한정된 투자 금액을 가지고 원하는 재무 목표를 달성하기 위해서 전략적으로 운용할 수 있습니다. 펀드 상품에 올인하기보다 포트폴리오 측면에서 활용하는 방법이 유리합니다.

◯ 주식 투자

가장 위험한 투자 방법이긴 하지만 엄청난 수익을 올릴 수 있는 방법 중 하나입니다. 다만 금융지식이 전혀 없는 초보자가 직접 주식에 투자하는 것은 매우 위험하므로 주의가 필요합니다. 전업 투자자가 아니라면 우량주 위주의 장기 투자가 유용하며, 특히 직장인이라면 직접 투자 시 발 빠른 대처가 어려울 수 있으므로 수익을 떠나 작전주 등에 투자하는 것은 금물입니다.

◯ 절세 상품 활용

사회 초년생들이나 신혼부부의 경우 월급 이외의 소득이 거의 없기 때문에 절세 상품을 잘 활용할 필요가 있습니다. 절세 상품이란 연말정산 시 소득공제 또는 세액공제 적용이 가능한 상품을 말하는데 대표적인 것이 연금 저축입니다. 엄밀히 말해 단기 목돈 마련 상품은 아니지만 연간 400만 원까지 세액공제 혜택이 제공되므로 여유가 되는 적정 수준에서 가입을 고려하는 것이 현명합니다. 그 외에 보장성 보험도 100만 원 한도로 12% 세액공제가 되므로 챙겨두면 좋습니다. 주택 관련 자금도 소득공제 또는 세액공제 대상이고, 청약저축, 주택청약종합저축, 근로자 주택마련저축은 본인의 소득세율만큼 환급됩니다. 주택 차입금(주택담보대출), 월세액 또한 세액공제 대상이므로 확인 후 본인에게 맞는 혜택을 최대한 누릴 수 있도록 합니다.

◉ 포트폴리오 관점에서의 투자

목돈 마련에서 가장 중요한 것은 사실 금융상품이 아니라 투자 원금(저축액)의 크기와 꾸준한 실천(습관)입니다. 투자 원금의 크기는 합리적인 소비와 절약의 결과물이라 할 수 있고, 꾸준함은 말 그대로 투자를 습관화하는 것입니다.

그런 의미에서 종잣돈 마련에 가장 큰 비중을 둬야 하는 금융상품은 바로 예적금 상품입니다. 재테크에 자신이 없다면 수익률보다 올바른 소비 습관과 투자 습관을 들이는 데 집중하는 것이 효율적이고, 만약 좀 더 효율적인 목돈 마련을 고민한다면 투자 상품의 비중을 늘려가는 것이 바람직합니다.

우리 집 재무 상태를
분석해보자

'나름 열심히 저축도 하고, 투자도 하고 있다'고 생각하지만 과연 정말 잘하고 있는지 확인하고 싶을 때 필요한 것이 바로 재무 분석입니다.

재무 상태를 분석하는 것은 마라톤 대회 출전을 앞두고 체력 테스트를 하는 것과 비슷한데, 폐활량은 얼마나 되는지, 근육량은 얼마나 되는지, 과연 지금 이 상태로 마라톤 완주가 가능한지, 더 나아가 마라톤 완주를 위해 추가로 준비해야 할 것은 무엇인지 등 여러 가지 문제를 체크하는 과정과 같습니다. 좀 더 자세히 과정을 알아보겠습니다.

자산 목록을 빠짐없이 모아보자

우선 첫 번째로 해야 할 일은 자신의 자산 목록을 한데 모아보는 것입니다. 장롱 속에 잠자고 있는 보험증권, 주식, 채권, 까맣게 잊고 있던 귀금속, 부동산 계약서, 각종 통장, 펀드, 대출 계약서들을 한자리에 모아봅니다.

그다음으로 할 일은 재무상태표를 작성하고 하나씩 기입해보는 것입니다. 어려워 보이지만 막상 해보면 그리 어렵지 않습니다. 총자산에서 총부채를 빼면 내가 현재 가지고 있는 순자산의 규모를 알 수 있습니다.

자산에 이름표를 달자

조금 더 구체적으로 알아볼까요? 다음 페이지에 소개되는 재무상태표를 예로 들어 소개해보겠습니다. 가장 먼저 왼쪽 칸에는 가지고 있는 자산 목록을 기재합니다. 자산의 종류는 특성에 따라 현금성 자산, 투자 자산, 은퇴 자산, 사용 자산 등 크게 네 가지로 구분할 수 있습니다. 각각의 큰 범주를 정하고 세부 항목에 각 자산 목록을 기재합니다.

①왼쪽: 본인이 가지고 있는 자산을 종류별로
구분하여 현재 시점을 기준으로 금액을 입력

②오른쪽: 본인이 가지고 있는 부채를
구분하여 기록

자산(원)		
현금성 자산	보통예금	10,000,000
투자 자산 (총 적립액)	정기예금	5,000,000
	주택청약	2,000,000
	개인연금	3,000,000
	CMA 비상금	3,000,000
사용 자산	전세금	200,000,000
	자동차	30,000,000
부동산	주택 · 토지	–
자산 합계	253,000,000	

부채(원)		
단기 부채	자동차 할부금	5,000,000
	신용카드 할부금	–
	마이너스통장 대출	–
부동산	전세자금대출	80,000,000
부채 합계	85,000,000	

순자산 168,000,000원

③총자산 합계 - 총부채 합계 공식을 통해서 순자산을 기록

현금성 자산에는 현금, 수시 입출금, 저축, 보통예금, MMF, CMA 같은 단기성 예금이나 현금 등을 기재합니다. 투자 자산에는 채권형, 주식, 펀드 등 금융 자산을 기재하고, 은퇴 자산에는 은퇴 후 사용할 개인연금, 퇴직연금, 저축 등을 기재합니다. 사용 자산은 말 그대로 현재 자산 중 거주하고 있는 아파트나 타고 다니는 자동차와 같이 사용 중인 자산을 기재합니다.

이렇게 작성일 기준으로 평가액을 산정해 기입하고, 이를 모두 합하면 현재 내가 가진 총자산이 됩니다.

다음으로는 오른쪽 칸에 부채 항목을 기입합니다. 부채는 기간에 따라 장기부채와 단기부채로 구분할 수 있습니다. 단기부채는 신용카드 결제액, 잔여 할부금, 마이너스대출 등이 대표적입니다. 대표적인 장기부채로는 전세자금대출, 주택담보대출, 모기지론 등이 있습니다. 부채 항목의 금액은 작성일 기준으로 갚아야 할 잔액을 표기합니다.

진짜 우리 집 자산은 얼마?

재무상태표를 꼼꼼히 작성했다면, 마지막으로 산출된 총자산 금액에서 부채 금액을 차감합니다.

총자산 합계 금액 − 부채의 합계 금액 = 나의 순자산

이를 통해 산출된 금액이 바로 내가 가지고 있는 자산의 현주소이며, 이를 순자산이라고 부릅니다. 순자산이야 당연히 많을수록 좋겠지만, 더 중요한 것은 매년 순자산이 늘고 있는지의 여부입니다.

현금흐름이 한눈에 보이는
우리 집 재무상태표 만들기

수입은 매달 꼬박꼬박 들어오는데 한 달이 지나면 그 돈이 다 어디로 사라졌는지 갑갑한 마음이 들 때가 많습니다. 이럴 땐 정말 "돈에 발이 달린 것 같다"는 생각이 들 정도죠.

지피지기면 백전백승이란 말이 있습니다. 돈을 모으고 불리기 위해서 가장 먼저 전제가 되어야 할 것은 나의 자산 현황을 정확히 파악하는 것입니다. 자산 현황은 물론 더 나아가 미래 자산의 근간이 되는 나의 현금흐름을 정확히 파악하고 관리하는 노하우가 필요한 이유입니다.

이를 위해 재무상태표와 현금흐름표를 작성해보는 것이 가장 효과적입니다. 이 두 가지만 제대로 알아도 재테크의 기본은 갖춘 셈이라 할 수 있습니다.

먼저 재무상태표란 이전 내용에서 살펴본 것과 같이, 보통 기업회계에서

[현금흐름표 작성의 예]

① 왼쪽:
자신의 수입을 구분하여
기록

② 오른쪽:
지출되는 금액 기록

③ 한 달의 수입과 지출
흐름을 파악하며 평가하기

수입(원)		지출(원)			재무 비율 분석	
					변경 전	변경 후
고정수입	A씨(남편) 2,500,000 B씨(아내) 2,500,000	고정지출	경조사비	300,000	25%	20%
			관리비 · 공과금	250,000		
			보장성보험	250,000		
			대출금 이자	200,000		
			인터넷 · 통신비	150,000		
			자동차세 점검비	100,000		
		총 합계	1,250,000			
변동수입	–	변동지출	교통비	200,000	35%	20%
			생활비 (식비, 외식비 등)	800,000		
			용돈 (각 25만 원씩)	500,000		
			문화생활	50,000		
			기타 (병원비, 여행 등)	200,000		
		총 합계	1,750,000			
기타수입	–	재산형성 지출	적금	1,600,000	40%	60%
			주택청약	200,000		
			연금	200,000		
		총 합계	2,000,000			

사용되는 대차대조표의 개인 버전이라 할 수 있습니다. 재무상태표를 통해 지금 내가 가진 현금, 주식, 펀드, 부동산 같은 자산이 각각 얼마나 어떻게 구성되어 있는지, 부채는 얼마나 어떻게 구성되어 있는지를 일목요연하게 알 수 있고, 이를 통해 현재의 순자산 규모는 어느 정도인지도 한눈에 파악할 수 있습니다.

다음으로 현금흐름표가 있습니다. 재무상태표가 현재 가계의 재정 상태를 알려준다면, 현금흐름표는 돈이 들어오고 나가는 현황을 알려줍니다. 가계의 수입과 지출이 얼마인지, 그중 순소득의 규모가 어느 정도인지 혹시 돈이 새는 부분은 없는지 등의 정보를 한눈에 파악할 수 있습니다.

수입은 최대한 늘리고,
지출은 최대한 줄이려면?

재테크의 기본 원리는 아주 간단합니다. 수입은 최대한 늘리고 지출은 최대한 줄이는 것입니다. 조금 더 나아간다면 '그 차이를 극대화하는 것' 정도가 될 겁니다. 그리고 이를 한마디로 축약하면 '현금흐름을 잘 관리하는 것'이라고 말할 수 있습니다.

수입은 최대한 늘리고 지출은 최대한 줄이려면 어떻게 해야 할까요?

먼저 수입을 늘리는 방법을 살펴보겠습니다. 사업을 하는 사람이라면 '사업 확장', '마케팅', '비용 절감' 등의 방법을 떠올릴 수 있고, 급여 생활자라면 '승진', '이직', '부수입' 등의 방법을 떠올릴 수 있습니다. 이 방법이 이론적으로 최고의 재테크라는 점에 모두 동의하겠지만 현실적으로 수입을 통제하기는 쉽지 않습니다.

다음은 지출을 줄이는 방법입니다. 보통 지출 관리라고 하면 단순히 돈을 아끼고 절약하는 것으로 착각하는데, 지출 관리는 재테크에 있어서 더 큰 의미를 갖습니다.

소득이 지출보다 많아야 한다는 것은 돈을 모으기 위한 필수 전제조건입니다. 반대로 소득보다 지출이 많다면 아무리 좋은 투자안이 있더라도 일단 돈 모으기가 불가능하고, 설령 빚을 내서 투자하더라도 단기간에 포기할 확률이 높습니다. 결론적으로 재테크의 기본은 바로 지출 관리라고 할 수 있습니다.

소득>지출: 가계의 건전성, 소득과 지출의 차이가 곧 향후 모든 투자의 원천

소득<지출: 악순환의 구조, 아무리 좋은 투자안이 있어도 돈 모으기 어려움

지출 관리, 이렇게 시작하자

지출 관리를 한다고 무작정 아끼고 안 쓰는 경우가 있는데, 이런 식의 묻지마 지출 관리는 오히려 독이 될 위험이 큽니다. 투자와 마찬가지로 지출 관리 역시 빨리 가는 것도 중요하지만 멀리 보고 꾸준히 하는 것이 더 중요하기 때문입니다.

지출 관리에도 순서가 있습니다. 가장 부담감이 적고 쉬운 것부터 순서대로 시작하는 것이 좋은데, 이를 우선순위로 정리하면 현금흐름(변동 지출) 개선, 구조적(고정 지출) 개선, 지출 관리 습관화 순으로 차근차근 실행하면 됩니다.

① 현금흐름 개선(지출 항목 관리, 통장 정리 등)
② 구조적 개선(금융상품 리모델링, 대출 리파이낸싱, 절세 방안 마련 등)
③ 지출 관리 습관화(절약 실천 및 유지, 현금흐름 관리 시스템화)

ⓦ 현금흐름표를 작성해보자

현금흐름을 개선하기 위해 가장 먼저 할 일은 현재 우리 가계의 현금이 어디로 들어와서 어떻게 나가는지 정확히 파악하는 것입니다. 가계에서 돈은 크게 들어오는 통로와 나가는 통로 두 가지로 구분할 수 있는데, 이를 다른 말로 수입과 지출이라고 표현합니다.

먼저 수입이란 가계로 들어오는 돈을 의미합니다. 월급쟁이라면 급여나 상여가 대표적입니다. 이 외에도 임대료, 이자소득, 사업소득, 연금소득 등 다양하게 구분할 수 있습니다.

다음으로 지출입니다. 지출 항목은 저축과 투자, 소비지출로 나눌 수 있습니다.

[고정지출과 변동지출 항목]

고정지출	변동지출
	식비
공과금	외식비
차량 관리 및 유지 비용	의복비
보험료	미용비
보장성 보험	문화생활비
통신비	의료비
가족 용돈	경조사비
주택 관련 지출(임대료, 관리비 등)	휴가비
	용돈

　우선 소비지출은 다시 고정지출과 변동지출로 나눌 수 있는데, 고정지출이란 반복적이고 고정적으로 발생하는 지출 항목으로, 쉽게 조절하기 어려운 특성이 있습니다. 대표적인 항목으로는 대출 상환 비용, 관리비, 공과금, 보험료, 소득세 등이 있습니다. 반면 변동지출은 말 그대로 불규칙적인 지출로, 생활습관이나 의지에 따라 어느 정도 조절이 가능한 지출을 말합니다. 식비, 의복비, 여가비, 의료비, 문화생활비, 외식비, 자녀의 사교육비 등이 여기에 해당됩니다.

　마지막으로 저축 및 투자 항목이 있습니다. 보통 저축이나 투자가 지출 항목이라는 것을 생소해하는 사람들이 많은데, 이 역시 현금흐름 관점에서 보면 나가는 돈이므로 지출에 해당합니다. 적금, 적립식 펀드, 연금저축, 청약부금 등이 이에 해당됩니다. 보험료의 경우 저축 보험은 저축 및 투자 항목에 해당되지만 화재보험, 건강보험과 같은 보장성 보험은 고정지출 항목에 해당된다는 점에 유의해야 합니다.

ⓦ 변동지출부터 잡아라

지출 내역을 파악하기 어렵다면 가계부를 작성해보는 것이 좋습니다. 가계부라고 하면 옛날 우리 어머니들이나 쓰던 것이라고 생각하기 쉽지만, 지출 내역을 꼼꼼하게 정리하고 복기해보는 것만으로도 지출 관리에 상당한 효과를 거둘 수 있습니다. 계속 쓰는 것이 어렵다면 지출 내역 파악을 위해 한두 달만이라도 작성해보도록 합시다. 한 달이 지나 돌아보면 '이렇게 불필요한 지출이 많았었나?'라며 놀라는 경험을 할 것입니다.

이렇게 한 달간의 지출 내역 파악이 끝났다면 그중에서 변동지출 내역을 꼼꼼히 체크해봅니다. '친구들과 저녁식사를 위해 쓴 돈', '습관적으로 마신 커피 값', '충동적으로 구매한 청바지', '과하게 청구된 통신비', '기분 전환을 위해 쓴 미용비' 등 사용할 때는 다 필요하다고 생각해서 쓴 돈이지만 시간이 지나 돌이켜보면 '굳이 쓰지 않아도 됐는데'라며 아쉬워하는 경우가 많습니다. 필요 없다 생각되는 것은 조금 과하다 싶을 정도로 줄여나가는 노력이 필요합니다.

다음으로 할 일은 한 달 동안 지출된 내역을 토대로 불필요한 지출들을 추리거나 지출 횟수를 줄이는 식으로 다음 달에 쓰게 될 변동지출 예산을 정하는 것입니다. 예를 들어 한 달 동안 100만 원으로 생활한다고 정했다면, 이 돈을 통장에 넣어두고 예산 내에서 소비하는 습관을 들이는 것입니다. 이때 적절한 예산 목표를 세우는 것이 무엇보다 중요합니다. 너무 터무니없는 목표를 세우면 중도에 포기할 확률이 높기 때문입니다.

이렇게 하고 나면 과연 어떤 변화가 일어날까요? 5일, 10일, 15일 이렇게 날짜가 갈 때마다 얼마의 잔고가 남아 있는지 확인하게 될 것입니다. 만약 15일이 지났는데 잔고가 조금 밖에 남아 있지 않다면 어떤 마음이 들까요? 아마 내일 친구들과 레스토랑에 가기로 했다면 한 번쯤 다시 생각해보게 될 것이고, 습관적으로 타던 택시도 지하철을 이용해보자고 생각하게 될 것입니다. 물론 처음에는 이렇게 생활하는 것이 힘들 수도 있습니다. 하지만 '의지보다 무서운 것이 습관이다'란 말이 있듯 한 달, 두 달, 처음 2~3개월 정도만 습관화하면 예산 내에서 생활하는 소비 패턴에 점차 적응되고, 지출 통제의 놀라운 효과를 경험할 수 있을 것입니다.

허리띠를 졸라매는 것만으론 부족하다

변동지출 리모델링이 어느 정도 자리 잡아 더 이상 줄일 것이 없다고 판단되면 위의 과정을 한 번 더 반복합니다. 이른바 '마른 수건도 다시 짜기 전략'입니다.

그다음으로 할 일이 고정지출을 리모델링하는 것입니다. 대표적인 고정지출 항목으로는 각종 공과금과 세금, 보험료, 대출 원리금 등이 있습니다. 이들은 모두 개인의 의지에 따라 쉽게 조정이 불가능합니다. 하지만 절차가 조금 더 복잡할 뿐 조정이 아예 불가능한 것은 아닙니다.

가장 손쉽게 할 수 있는 것이 보험 리모델링입니다. 보험 리모델링 과정에서 선택과 집중을 통해 불필요한 지출은 최대한 줄이고 꼭 필요한 보장은 유지해야 합니다. 공과금과 세금은 절세 플랜 등을 통해, 보험료는 보험 리모델링 등을 통해, 대출원리금은 대출 리파이낸싱 등을 통해 조정할 수 있습니다.

스마트폰 가계부 어플을
활용하자

직접 손으로 가계부를 작성하는 것도 좋지만 사실 단점도 많습니다. 일단 지출은 일상적으로 일어나지만 가계부를 항상 몸에 지니고 다닐 수는 없는 노릇. 어딘가에 간단히 메모해두었다가 옮겨 적다 보면 어느새 '귀찮은데 내일 정리하자'라는 게으른 생각이 들기 쉽습니다.

이럴 때 스마트폰 가계부 어플을 활용하면 좋습니다. 특히 스마트폰은 항상 몸에 지니고 있는 물건 중 하나인 만큼 휴대성도 좋고, 일반 가계부에 없는 다양한 기능을 제공하는 장점이 있습니다. 예를 들어 간편하게 엑셀로 내려 받아 정리할 수도 있고, 지갑 두둑이 가지고 다녀야 하는 각종 포인트카드 등을 간편하게 관리할 수도 있고, 다양한 통계자료를 제공받을 수도 있습니다.

[유용한 스마트폰 가계부 어플들]

가계부 어플	주요 기능
편한가계부	문자를 복사해서 바로 지출 내역에 입력이 가능. 엑셀이나 다른 어플로 데이터 전송·가져오기 기능 제공. 연·월간 지출 내역, 자산 현황 통계 등 다양한 기능 제공(유료).
네이버가계부	네이버에서 제공하는 가계부 어플. 모바일은 물론 PC에서도 데이터동기화를 통해 사용 가능. 다양한 통계 정보 제공(무료).
위플가계부	간편한 기능과 편리한 인터페이스가 장점. 일별 지출 변화 및 월별 통계 자료를 제공하여 본인의 지출 현황을 한눈에 분석하고 관리할 수 있는 기능 제공(유료).
Syrup월렛	다양한 멤버스, 포인트카드 통합 관리 기능 제공(무료).
트라비포켓	여행 중 사용한 비용과 지출을 관리하는 어플로 정해진 예산을 입력해놓으면 예산 대비 현재 현황을 한눈에 볼 수 있는 기능 제공. 현지 화폐 단위로 지출 내역을 입력하면 자동으로 원화로 환산하여 통계를 제공하는 점도 장점(무료).

저절로 돈이 모이는
통장 관리 시스템 만들기

톰 행크스 주연의 영화 〈캐스트 어웨이〉는 비행기 사고로 무인도에 홀로 남겨진 한 남성의 이야기를 다루고 있습니다. 무인도에 불시착하여 혼자 살게 된 주인공의 절친 캐릭터인 '윌슨'이 등장하는데, 윌슨은 사람이 아닌 주인공과 함께 무인도에 남게 된 배구공의 이름입니다. 주인공은 배구공에 눈, 코, 입을 그려 넣고 사람 얼굴처럼 보이게 만든 다음 계속해서 윌슨과 대화하는 것은 물론 같이 웃기도 하고 심지어 화를 내며 싸우기도 합니다. 이처럼 어떤 사물에 이름을 부여하면 왠지 모를 애착이 생기는 경험을 한 적이 있을 것입니다. 돈 문제에도 비슷한 현상이 발생하는데 이를 '심적회계mental accounting' 또는 '하우스머니 효과'라고 합니다.

A라는 사람이 카지노에서 25센트 동전 하나를 슬롯머신에 넣고 100달러를 땄습니다. B라는 사람도 마침 카지노에 막 도착했습니다. 그때 지난달 실적에 대한 보너스로 100달러가 오늘 급여 계좌로 송금됐다는 문자가 도착했습니다. 이 경우 두 사람이 가진 돈의 크기는 같지만 일반적으로 A가 더 많은 돈을 쓴다고 합니다. 왜냐하면 B는 자신의 돈으로 도박을 하는 것이라고 생각하는 반면 A는 자신이 도박장의 돈으로 도박을 한다고 착각하기 때문입니다. 미국에서는 카지노를 다른 말로 '하우스'라고도 부르는데, 쉽게 얻었거나 예상치 못한 돈을 아껴 쓰지 않고 위험 부담이 큰 계획이나 자산에 과감하게 투자하는 경향을 '하우스머니 효과'라고 부릅니다.

일상에서의 돈 문제에도 이와 비슷한 원리가 작용합니다. '애들 교육비', '첫째 대학 등록금', '5년 뒤 내 집 마련 자금', '내년에 오래된 남편 차 바꿀 돈' 등 우리는 자신도 모르게 돈에 이름을 붙이게 되는데 그 이름은 대부분 돈의 사용처를 의미합니다. 헌데 그 사용처가 달라지는 순간 사람들은 지출을 꺼리게 된다고 합니다. 예를 들어 아이 교육비를 위해 만든 통장을 깨서 해외여행을 가는 일은 생기기 어렵다는 뜻이죠.

재테크를 할 때는 이 같은 인간의 심리를 이해하는 것이 중요합니다. 돈이 있으면 쓰고 싶은 것이 인간이고, 반대로 돈이 없으면 아끼게 되는 것도 인간이기 때문입니다. 돈은 기본적으로 새어 나가려는 특성이 있어 꽉 붙들어두지 않으면 자신도 모르는 사이에 사라져버립니다. 그렇기 때문에 '공돈'이라고 이름 붙인 돈은 쉽게 써버릴 가능성이 높기에 철저하게 돈이 갈 곳을 지정해줘야 새지 않습니다.

통장 정리가 필요한 이유도 이 때문입니다. 돈에 명확한 사용처가 있고, 정리정돈이 잘되어 있다면 돈이 샐 확률이 현저히 줄어듭니다. 돈이 잘 정리정돈 되어 있다는 말은 용도에 맞게 급여는 급여 통장에, 생활비는 생활비 통장에, 교육비는 교육비 통장에, 비상금은 예비 통장에 잘 분류되어 있는 것을 의미합니다.

돈 관리의 기본은 통장 정리

돈을 알뜰하게 모으고 관리하는 것에만 집중하는 것보다는 돈을 더 버는 것에 집중하는 것이 사실 바람직한 돈 관리 방법입니다. 이를 위해서는 일일이 돈 관리를 신경 쓰지 않아도 돈이 모이는 시스템을 만드는 것이 중요합니다. 사소한 일에 신경 쓰지 않고 그 시스템대로 생활하는 습관을 들이면 돈 버는 것에 더 집중할 수 있기 때문입니다.

자동으로 돈이 모이는 시스템의 원리는 간단합니다. 통장을 여러 개 만들고 각각의 통장에 '급여 통장', '지출 통장', '투자 통장', '예비 통장', '여행 통장' 등의 이름을 붙이면 일단 절반은 성공입니다. 그다음으로 할 일은 각각의 목적에 맞게 세분하는 작업과 시기에 맞춰 이체 순서를 정해주는 것입니다. 돈이 자동으로 모이는 시스템을 만드는 것은 생각보다 간단하지만 실제로 이 시스템이 잘 굴러가게 하려면 상당한 노력이 필요합니다.

Step 1. 목적에 맞게 통장을 정리하자

1. 급여 통장

통장 관리 시스템에서 가장 중요한 통장은 급여 통장입니다. 급여 통장의 첫 번째 역할은 일정한 소득을 한데 합치는 것입니다. 급여소득자라면 급여명세서 정도만으로도 한 달 수입 규모를 정확히 알 수 있지만, 사업소득자나 기타 부수입 등 비정기 소득이 있는 가계라면 정확한 한 달 수입의 규모를 파악하기 어려울 수 있습니다. 소득을 한 통장으로 모으면 일단 가계의 전체 수입 규모를 한눈에 파악할 수 있다는 장점이 있습니다.

추가로 고정지출 또한 이 통장을 통해 관리하면 좋습니다. 세금, 공과금, 관리비 등 어차피 나가야 할 지출은 급여 통장에서 처음부터 공제되도록 관리하는 게 좋습니다. 또 고정지출이 모두 빠져나간 후의 소득을 실질 소득이라 여기고 지출 계획을 세우는 게 오히려 마음 편한 일일 것입니다.

2. 소비 통장

소비 통장이란 변동지출, 즉 매월 씀씀이에 따라 지출액이 크게 변동될 수도 있는 생활비를 관리하기 위한 통장입니다. 따라서 일정 금액을 넣어두고 식비, 교통비, 문화비 등의 지출을 위한 용도로 활용합니다. 요즘에는 다양한 혜택들로 무장한 체크카드가 많으므로 체크카드와 연계하여 활용하면 더 좋습니다.

이처럼 소비 통장을 별도로 관리하는 이유는 지출을 줄이려는 목적도 있지만, 매월 일정한 예산 내에서 소비하는 것에 익숙해지기 위한 목적이 더 크므로 습관을 들이는 것이 좋습니다. 특히 정해진 예산 안에서 한 달을 생활하다 보면 꽤 많은 지출을 줄일 수 있다는 것을 경험할 수 있습니다.

3. 투자 통장

투자 통장은 하나일 수도, 그 목적에 따라 여러 개가 될 수 있습니다. 예를 들어 내 집 마련, 교육 자금, 은퇴 자금 이렇게 세 가지 재무 목표가 있다면 해당 재무 목표를 위한 자금을 일정한 비율로 쪼개 운영합니다. 그 외에 여러 재무적 상황에 맞게 통장을 쪼개 운영하면 좀 더 효율적으로 투자할 수 있습니다.

투자 통장, 즉 투자 상품을 선택할 때 가장 유의해야 할 점은 높은 수익률뿐만 아니라 투자 목적과 투자 기간에 따라 가장 적절한 상품에 가입하는 것입니다.

4. 예비 통장

예비 통장은 예기치 않은 변수나 위험이 발생해도 통장 관리 시스템이 원활히 유지될 수 있도록 하는 방파제 역할을 합니다.

통장 관리를 잘하고 지출 통제에 성공했어도 만약의 사태에 제대로 대비하지 못한다면 아슬아슬한 외줄타기를 하는 것과 다름없습니다. 그래서 꾸준히 투자 계획을 유지하거나 뜻밖의 상황에 대비하기 위해 어느 정도의 비상 자금은 준비해둬야 합니다. 명확하게 얼마를 준비해야 한다는 기준이 있는 것은 아니지만, 최소 월 평균 지출의 3개월치에 해당하는 금액을 즉시 현금화가 가능한 자산으로 준비해 두는 것이 바람직합니다.

만약 예비 통장의 잔고가 일정 수준 이상이라면 그대로 두지 말고 투자 통장으로 이체하여 수익을 극대화하는 것이 효율적입니다. 그리고 예비 자금을 지출한 후에는 지출한 돈만큼 다시 채워두는 것도 잊지 말아야 합니다.

Step 2. 시기별로 이체 순서를 정하자

그다음으로 할 일은 이체 순서를 정하는 것입니다. 이때 투자 통장, 고정지출, 소비 통장 순으로 이체하는 것이 중요합니다.

이체 순서는 모든 자동납부가 끝난 후 투자 통장, 고정지출, 소비 통장 순으로 자동 이체한 후 급여 통장 잔고가 다음 급여일까지 거의 제로가 되도록 세팅하는 것이 좋습니다. 이렇게 하면 급여일 이후 월

말까지 모든 고정지출이 자동으로 납부되고, 생활비도 자동으로 소비 통장에 입금되므로 월말이 지나서 최종 잔액을 확인한 후 남은 돈을 예비 통장으로 이체하는 것 외에는 특별히 신경 쓸 일이 없게 됩니다.

'순서가 뭐 그리 중요하냐'고 할 수 있는데, 일반적으로 예산은 여러 가지 변수로 인해 약간의 오차가 생기기 마련입니다. 이럴 때 대부분 마지막에 남겨진 돈으로 예산을 조정하기 쉽습니다. 마지막에 남은 돈이 저축을 위한 돈이라면 저축할 돈을 줄이게 되고, 지출을 위한 돈이라면 소비를 줄이게 될 것이란 얘기죠. 다시 말해 예산 조정이 필요할 때 그 달의 저축액을 줄이느냐, 소비를 줄이느냐는 심리적인 부분이 좌우한다는 의미입니다.

통장을 정리하거나 인터넷뱅킹으로 거래 내역을 조회하면 매월 같은 거래 내역이 반복해서 표시되기 때문에 언제든지 고정지출 내역과 지출액의 변동 사항을 한눈에 확인할 수 있고, 'SMS 잔고 알림 서비스'를 활용하면 결제 시 예산 상황을 즉각 파악할 수 있어 지출 관리에도 도움을 받을 수 있어 활용하면 좋습니다.

[돈이 모이는 통장 관리 시스템의 원리]

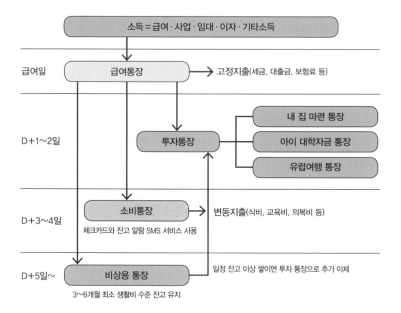

소득＝급여 · 사업 · 임대 · 이자 · 기타소득

급여일 　급여통장 ───▶ 고정지출(세금, 대출금, 보험료 등)

D+1~2일　투자통장

내 집 마련 통장

아이 대학자금 통장

유럽여행 통장

D+3~4일　소비통장 ───▶ 변동지출(식비, 교육비, 의복비 등)
체크카드와 잔고 알람 SMS 서비스 사용

D+5일~　비상용 통장　일정 잔고 이상 쌓이면 투자 통장으로 추가 이체
3~6개월 최소 생활비 수준 잔고 유지

통장 관리에 유용한
금융상품들

통장 관리 시스템을 활용하기 위한 금융상품을 선택할 때는 자유로운 입출금이 가능한 상품이어야 합니다. 굳이 통장 관리 시스템이 아니더라도 입출금이 자유로운 금융상품은 다양한 용도로 활용할 수 있습니다.

입출금이 자유로운 금융상품의 필요성은 크게 세 가지로 요약할 수 있는데, 첫 번째는 결제와 기본적인 생활비 용도입니다. 이때 수시로 인출하거나 돈이 들어오고 빠져나가는 일이 빈번하게 발생하기 때문에 수익보다는 환금성과 편의성이 더 중요합니다.

두 번째는 투자를 위한 대기 자금 용도입니다. 예를 들어 부동산 투자를 위해 목돈을 마련해두었는데 마땅한 매물이 없어 적당한 매물을 찾는 중이라면, 이 기간 동안 준비한 투자 자금을 놀려야 하는 문제가 생길 수 있습니다. 그렇다고 펀드나 정기예금 등의 금융상품에 투자하자니 만기 전에 적당한 매물이 나오기라도 한다면 고스란히 손해를 감수하거나 구매를 포기해야 할 수도 있기 때문에 유동성이 높은 금융상품이 필요합니다.

마지막으로 유동성 확보 용도입니다. 대표적인 예가 비상 예비 자금인데, 타이트하게 운영되는 가계 재정일수록 예기치 못한 지출이나 사고가 생기면 큰 타격을 받을 수 있습니다. 이를 대비해 비상 예비 자금을 마련해둬야 하는데, 이 경우 언제든 인출할 수 있는 환금성이 중시됩니다. 단, 이 경우에는 항상 일정 금액을 유지해야 하고, 빈번하게 인출하는 것은 아니므로 약간의 수익성을 고려하는 것이 좋습니다.

◑ 보통예금

가장 흔하게 사용하는 입출금 전용 통장을 말합니다. 가입 대상, 예치 금액, 예치 기간 등에 아무런 제한이 없고, 법인과 같은 특수단체의 자금을 일시적으로 예치할 때도 활용 가능합니다. 주로 수시입출금, 각종 이체와 결제 기능을 위해 사용되며 이자는 0.1~0.2% 수준에 불과해 사실상 없다고 봐도 무방합니다. 예금자보호법에 의해 금융기관별로 합산해 5,000만 원까지 상시 보호되는 것도 특징입니다.

◑ MMDA(Money Market Deposit Account, 시장금리부 수시입출금식 예금)

보통예금 상품은 아니지만 보통예금처럼 수시입출금이 가능한 삼총사로 CMA, MMF, MMDA가 있습니다. 이 세 상품은 많은 사람이 사용하고 있는 보통예금처럼 입출금이 자유로우면서도 수익률은 높은 특징이 있습니다.

이 중 MMDA는 시중 자금 사정을 가장 잘 반영하는 3년 만기 국고채 유통 수익률, 3개월 만기 CD 유통 수익률 등과 같은 실세 금리에 연동해 비교적 높은 금리를 지급하면서 동시에 자유로운 입출금 및 각종 이체, 결제 기능이 결합된 상품입니다.

목돈을 단기간 운용할 때 유리한 대표적 은행 예금 상품으로, 보통예금 보다는 높은 금리를 제공하지만 반대로 MMF나 CMA에 비해 상대적으로 낮은 금리가 적용됩니다.

금액에 제한 없이 통장을 개설할 수 있지만 예치 금액에 따라 지급 이자율을 차등 적용하고, 이자율은 은행에 따라 자율적으로 적용하며, 평균 잔액이 일정 금액을 넘거나 기타 금융 거래 실적에 따라 우대금리를 적용받을 수 있습니다. MMDA 역시 예금자보호법에 의해 금융기관별로 합산해 5,000만 원까지 상시 보호됩니다.

◐ MMF(Money Market Fund, 단기금융 펀드)

MMF는 투자신탁(운용)사가 운용하며, 주로 양도성예금증서(CD), 단기 기업어음(CP), 환매조건부채권(RP), 잔존만기 1년 이하의 국채 및 통화 안정증권 등에 투자하는 일종의 실적 배당형 상품을 말합니다.

편입자산 최저 신용등급을 법적으로 AA 등급 이상의 채권과 A2 등급 이상의 기업어음 등과 같은 비교적 안전한 자산으로 제한하고 있기 때문에 실적배당형 상품이라고는 해도 매우 안전한 상품입니다.

일종의 채권형 펀드와 유사하므로 금리상승기보다 금리하락기에 더 높은 수익률을 보이고, 자유로운 입출금이 가능하지만 실적 배당형 상품이기 때문에 예금자보호법 보호 대상이 아님을 유의해야 합니다.

✪ CMA(Cash Management Account, 금융자산관리계좌)

월급쟁이나 소액 투자자의 자금을 잘 관리할 수 있는 투자 상품입니다. 수시입출금 통장 중에서도 단기에 비교적 짭짤한 수익을 줄 수 있는 통장으로 큰 인기를 끌고 있습니다.

원래 투자금융사와 종합금융사의 대표 상품이었지만 요즘은 증권사에서도 취급하고 있고, 금융기관별로 정기예금 수준의 높은 금리를 제공하는 것이 특징인데, 최근에는 결제 기능을 비롯해 체크카드 연계 서비스까지 제공하기 때문에 거래의 불편함도 별로 없습니다.

CMA라고 하면 다 똑같은 것이라 생각하는 사람들이 많은데, 실제로는 판매 유형별로 차이가 있으므로 단순히 금리가 높은 상품을 선택할 것이 아니라 상품별 특성을 파악하여 가입하는 것이 중요합니다.

[CMA 종류]

구분	종금형	RP형	MMF형	MMW형
설명	금융 회사가 영업자금 조달을 위해 자기 신용으로 융통 어음을 발행해서 일반투자자에게 매출하는 형식의 1년 미만 단기 금융상품	예금자 보호가 되지 않으나 채권에 투자하여 확정금리이므로 이율을 보장받고 투자 손실 부담이 적음	머니마켓펀드를 별도로 선택해 투자하여 변동금리를 적용, 입금 당일에는 RP로 운용	신용등급 AAA 이상인 우량 금융기관의 단기 금융에 따라 투자, 일복리로 계산되어 예치 기간이 길수록 유리
특징	1인당 5,000만 원까지 예금자 보호가 됨	약정된 수익률을 기간별 차등 지급	익일 판매	wrap 상품의 일종
투자 방식	수익 증권, CP, CD 등으로 운용	국공채, 우량회사채 등에 투자하여 약정 수익률에 따라 이자 지급	단기국공채, CP, CD 등에 투자하여 운용	증권사가 채권 및 CP, CD 등으로 운용
수익 형태	실적배당형	확정금리형	실적배당형	실적배당형

3장

우리 아이 교육비와
우리 가족 보장 자산
준비하기

자녀 교육비 vs 노후 준비,
무엇이 우선일까?

건축을 뜻하는 'Architec'과 'Kids'를 합성한 단어로, 건물을 짓는 것처럼 아이를 낳기 전부터 부모가 치밀하게 계획하고 설계하여 낳아 키우는 아이들을 '아키텍 키즈'라고 부릅니다. 실제로 요즘 엄마들은 아이가 태어나기 전부터 '국민 ○○리스트'를 만들어 육아에 필요한 준비물을 마련하기도 하고, 임신 후에는 '베이비문'이라고 해서 태교여행을 떠나기도 하는데 이와 관련된 패키지 상품까지 출시돼 있다고 합니다.

'아키텍 키즈' 엄마들의 가장 큰 특징은 그 어떤 세대보다 교육열이 높다는 점입니다. 그도 그럴 것이 당사자인 엄마들(1980년대생) 자신이 조기 교육과 사교육의 성과를 온몸으로 체감했던 1세대 수혜자이기 때문입니다. 그들이 엄마가 된 지금 자녀를 열정적으로 교육시키려는 마음은 어찌 보면 당연하다고 생각됩니다.

정작 문제는 이처럼 열정적인 교육열을 실천하기 위해 많은 비용이 든다는 점인데 이에 '에듀 푸어'라는 신조어를 주목할 필요가 있습니다. 에듀 푸어란 지나친 교육비 지출로 인해 팍팍한 삶을 사는 사람을 가리키는 말입니다. 아케텍 키즈를 키우는 상당수의 부모들이 에듀 푸어일 확률이 높다는 점은 우리에게 의미하는 바가 큽니다.

노후 자금까지 교육비로 쓰는 부모들

40대 후반의 한 전업주부와 상담을 한 적이 있었습니다. 서울 시내에 30평대 아파트를 소유하고 있고, 중소기업의 임원인 남편을 둔 그녀의 삶은 얼핏 보면 별다른 걱정이 없는 것처럼 보였습니다. 하지만 그녀의 재정 상황을 살펴보고 저는 적지 않은 충격을 받았습니다. 자녀 교육에 올인하는 우리나라 부모의 현실에 대해 나름대로 안다고 생각했지만, 자신들의 노후를 희생하면서까지 교육의 올인하는 부모들의 민낯을 낱낱이 보게 됐기 때문입니다.

그녀에겐 자녀가 둘 있었습니다. 어렸을 때부터 공부를 곧잘 하던 큰아이는 고등학교 때 일찌감치 미국 사립고등학교에 진학했습니다.

미국 사립고에 다니기 위해서는 연간 3만 달러 정도의 학비가 들었는데, 현재는 미국 사립대학에 진학해 연간 5만 달러 정도를 학비로 지출하고 있다고 했습니다. 고교 3년과 대학 4년 동안 큰아이를 위해 지출해야 할 교육비가 자그마치 4억 원에 이르는 것입니다(심지어 기회비용은 전혀 감안하지 않은 수치이므로 실제로는 5억 원에 가까운 액수라고 여겨집니다). 둘째 아이도 고등학교 졸업 후 언니를 따라 미국 유학을 계획하고 있다고 했습니다.

가장 먼저 그녀 가계의 현금흐름을 살펴보았습니다. 결과는 놀라웠습니다. 소비 지출 중 두 아이의 교육비로만 월 500만 원 정도가, 나머지 이런저런 생활비 200만 원 정도가 지출되고 있었는데 월 400만 원 정도 되는 남편의 월수입을 감안하더라도 매월 300만 원 이상 마이너스가 생기고 있었습니다.

서울 시내에 약 7억 원 정도의 아파트를 보유하고 있었기 때문에 겉으로는 여유로워 보였지만 실제 재정 상황은 그리 좋지 않았습니다. 여유 자산은 모두 아이들 교육비에 쏟아부은 지 오래고, 매월 마이너스가 나는 돈을 메우기 위해 벌써 1억 원 정도를 담보대출 받았다고 했습니다. 둘째까지 유학을 가면 추가 대출은 불가피한 상황이었습니다.

그녀의 남편 역시 이미 50대로, 언제까지 직장생활을 할 수 있을지 불투명한 상황이었습니다. 만약 몇 년 내에 남편이 은퇴라도 한다면 이 가계의 재정은 급속도로 악화될 것이 분명했습니다.

더 큰 문제는 은퇴 이후였습니다. 그녀는 가진 거라곤 집 한 채가 전부로 이렇다 할 은퇴 준비도 못했다며, 최근에 벌어지는 상황들이 점점 불안하고 답답해서 어찌할 바를 모르겠다고 털어놓았습니다.

자녀 교육의 가치를 돈으로 환산할 수 있을까요? 물론 저 또한 자식을 둔 부모로서 이 문제는 결코 쉬운 문제가 아니라고 생각합니다. 특히 다소 객관적인 시각을 유지할 수 있는 아빠와 달리 엄마들의 입장에서는 더더욱 힘든 결정이라는 생각도 듭니다. 하지만 자식을 키우는 부모로서 그녀와 상담을 하며 왠지 모를 서글픔을 느꼈던 것도 사실입니다. 자식의 성공을 바라는 부모의 마음이야 한결같겠지만 한정된 자원의 효율적 배분이라는 경제 원칙이 통하지 않는 이 땅의 교육 현실이 많은 이들의 은퇴 후 삶을 멍들게 하고 있다는 생각이 들어 가슴이 먹먹해졌습니다.

두 마리 토끼를 다 잡을 순 없을까?

본격적으로 교육비에 대해 이야기해보겠습니다. 저 역시 사교육비 문제를 온몸으로 체감하고 있기 때문에 교육비에 들어가는 돈이 몇 억이다, 양육비 문제로 출산 자체를 포기하는 이들이 많다는 이야기가 남 일 같지 않습니다.

정부에서도 공교육 시스템에 많은 투자를 하고 있다고 하지만 실제로 아이를 키우다 보면 많은 돈이 든다는 것을 체감할 수밖에 없습니다. 유년기 보육료부터 방과 후 수업, 각종 학원은 물론 학교에라도 들어가면 엄청난 사교육비를 감당해야 합니다. 이렇게 기나긴 터널이 지나고 대학에 진학할 때가 되면 대학 등록금에 어학연수 정도는 기본이라 가장 많은 돈이 들어갑니다.

이처럼 많은 돈이 들어가는 것도 문제지만 잠재적인 문제는 또 있습니다. 많은 가정에서 자녀 교육비가 고정지출처럼 인식되고 운영된다는 점입니다. 예를 들어 소득 수준이 올라가면 여유소득은 고스란히 교육비 지출로 이어지는 경우가 많습니다. 문제는 소득이 떨어져도 교육비 지출만은 고정지출처럼 인식되어 떨어지지 않는다는 점입니다. "애들 교육비 때문에 아르바이트 한다", "애들 교육비 때문에 대출 받았다"는 말은 절대 허풍이 아닙니다. 상황이 이렇다 보니 자녀 교육비가 가계 재정을 악화시키는 주범이 되는 경우도 적지 않습니다.

장기적인 계획 없이 자녀 교육에 올인하면 몇 가지 심각한 문제가 생길 수 있습니다. 첫 번째로 정작 필요한 지출을 대비하지 못합니다. 월 교육비 지출에 올인하는 상황이다 보니 막상 목돈이 들어가는 대학 등록금 등은 학자금 대출을 통해 충당해야 하는 것이 현실입니다. "학자금 대출쯤이야~" 할 수도 있겠지만, 이 빚은 고스란히 자녀들에게 전가되어 사회생활의 시작을 빚이라는 무거운 짐과 함께 출발하도록 하는 악순환을 만듭니다.

두 번째로 본인의 노후가 위협받을 수 있습니다. 자녀 교육비를 제대로 통제하지 못할 때 가장 큰 타격을 받는 것은 부모 자신의 노후 자금일 확률이 큽니다. 지금 당장은 큰 문제가 없는 듯 느껴지지만 이 기간이 길어질수록 풍요로울 수 있었던 부모들의 노후가 빈곤해질 수도 있는 일입니다.

노후 준비가 자녀를 위한 길이다

다 키운 자식들 때문에 속앓이 하는 부모는 크게 두 가지 유형이라고 합니다.

첫 번째는 이른바 캥거루족이라 불리는, 자녀와 갈등이 생기는 유형입니다. 성인이 돼서도 부모에게서 경제적, 사회적으로 독립하지 못한 자녀를 '캥거루족'이라고 하는데, 독립해야 할 시기에 여전히 부모에게 모든 것을 의지하면 갈등이 생길 수밖에 없습니다. 혹여 은퇴기에 접어든 부모의 경제력이 여의치 않다면 갈등은 더욱 심해지기 마련입니다.

두 번째는 나름 번듯한 어른으로 성장한 자녀와 갈등이 생기는 유형입니다. 남부럽지 않게 자녀들을 성공적으로 키워낸 부모들이 자녀에게 가지는 보상 심리와 현실과의 괴리감으로 인해 갈등이 발생하는 유형입니다. 부모 입장에서는 '내가 너를 어떻게 키웠는데'라며 분노하지만, 기득권층의 틈바구니에서 자신의 입지를 개척해나가야 하는 자녀들 입장에서 부모 부양이라는 문제는 큰 부담일 수밖에 없습니다. 흥미로운 점은 이 유형 역시 은퇴기에 접어든 부모의 경제력이 여의치 않으면 갈등이 심화된다는 사실입니다.

고민의 유형은 다르지만 부모의 노후 준비가 제대로 되지 않아 경제력에 문제가 생기면 부모와 자식 모두에게 고통스런 갈등을 초래할 확률이 커집니다.

각종 자료를 살펴보면 노후에 필요한 자금이 적어도 6억 원, 어떤 이들은 10억 원이 넘게 필요하다고 합니다. 심지어 노후와 자녀 교육 가운데 하나는 포기해야 한다고, 극단적으로 말하는 전문가들도 있습니다. 하지만 노후 준비를 할 때 가장 중요한 것은 돈의 크기가 아니라 노후 준비가 만만치 않다는 점을 인식하는 것입니다.

제가 아는 어떤 학부모는 자녀가 초등학생임에도 불구하고 대입 전형 방법까지 꿰뚫고 있었습니다. 그런 부모의 자녀라면 십중팔구 초등학교 과정의 학습 진도는 이미 끝냈고, 학원 스케줄로 일상이 늘 바쁠 것임을 짐작할 수 있습니다. 하지만 이런 자녀들일수록 성인이 된 이후 앞에서 말한 두 가지 갈등에 직면할 확률이 높습니다.

현재 부모들에게 주어진 분명한 목표는 이 두 가지 갈등에서 해방되는 것입니다. 이를 위해서는 자신의 노후를 스스로 책임질 수 있는 재정적인 안정이 전제되어야 합니다. 바둑에 대한 격언 중 "게임의 성패는 끝내기에 결정된다"는 말이 있습니다. 자녀 교육을 무조건 포기하라는 것이 아닙니다. 무조건적인 자녀 중심의 관점에서 시선을 돌려 본인의 미래를 준비하는 것이야말로 궁극적으로 자신과 자녀 모두를 위한 길이라는 것을 분명히 인식해야 합니다.

교육비 계획을 세우기 전에
확인해야 할 것들

체계적인 자녀 교육비 마련은 필수입니다. 이때 자녀의 연령대와 현재 수입, 지출을 감안해서 계획하되, 우리 아이의 학업 수준까지 고려해 준비하는 것이 좋습니다.

장기적인 교육비 마련 계획을 세워라

일반적으로 교육비는 물가보다 더 빠르게 오르는 특징이 있습니다. 실제로 지난 10년간 물가 상승률은 연 평균 3% 수준에 불과했지만 교육비 상승률은 7% 수준에 달했습니다. 또 자녀의 학년이 올라갈수록 교육비는 더 많이 들어갑니다. 즉, 1~2년 저축 계획을 세우는 정도로는 임시방편에 불과하다는 얘기입니다. 그렇기 때문에 자녀의 나이와 이후 들어가게 될 교육비 지출 시기 등을 고려한 장기적인 로드맵 수립이 필요합니다. 실질적인 교육 자금 마련 계획 방법은 뒤에 소개하도록 하겠습니다.

가계의 재정 수준을 고려하라

부모들에게 살면서 후회되는 일을 물어보면 '공부를 좀 더 했더라면'이라는 답변이 많이 나온다고 합니다. 저 역시도 '부모님이 조금만 더 공부에 집중할 수 있도록 도와주었으면 어땠을까' 하고 생각해본 적이 있습니다.

혼자만의 생각일지 모르겠지만, 적어도 아이에게는 이런 아쉬움을 남겨주기 싫은 것이 부모의 마음이 아닐까 생각합니다. 당장 내가 좀 어렵더라도 아이가 공부하는 데 있어서만큼은 어려움이 없도록 지원해주고 싶은 것이 부모들의 마음일 테니까요.

하지만 중대한 문제일수록 차가운 이성이 뒤따라야 합니다. 자녀의 교육비 계획을 세우는 과정에서 가계의 재정 수준 또한 충분히 고려되어야 한다는 얘기입니다. 구체적인 목표와 현실이 부합되어야 효율적이고 부모와 자녀 모두 만족할 수 있는 계획을 세울 수 있습니다. '남들이 이렇게 하니까', '우리 아이만 안 하면 뒤쳐지는 것 같아서' 하는 불안감에 '묻지 마' 식으로 이루어지는 교육비 지출은 누구도 행복하지 못한 결말을 낼 가능성이 높습니다.

ⓦ 자녀 교육 시기에 맞는 금융상품을 운용하라

장기적인 교육비 마련 계획을 수립했다면 계획에 꼭 맞는 금융상품을 찾는 것이 중요합니다. 시중에는 이와 관련된 교육비 펀드, 교육비 보험 등 다양한 금융상품이 존재하는데, 자녀가 커감에 따라 지출 시기, 지출 금액 등이 달라지기 때문에 그 시기에 맞는 금융상품을 운용하는 것이 유리합니다.

예를 들어 자녀가 대학 진학까지 10년이 넘게 남은 초등학교 저학년이라면 복리와 비과세, 유동 자금 활용을 동시에 할 수 있는 학자금 마련 저축보험이나 변액유니버셜보험* 등의 저축보험을 활용하는 것이 유리합니다. 자녀가 대학 진학까지 5~7년 정도 남은 초등학교 고학년에서 중학생이라면 안정성 있는 장기 펀드 상품을 운영하는 것이, 은행 금리에 비해 높은 수익을 올릴 수 있어 효율적입니다. 대학 진학까지 얼마 남지 않은 고등학생 자녀

💡 **변액유니버셜보험**
펀드 운용 수익률에 따라 보험금이 변동되는 변액보험과 보험료 납입 및 적립금 인출이 자유로운 유니버셜 보험의 장점을 결합한 보험 상품.

라면 2~3년짜리 짧은 안정형 펀드나 예적금 등의 금리 상품을 활용하는 것이 오히려 낫습니다.

자녀의 교육 시기뿐만 아니라 금융상품 고유의 특성을 활용하는 것도 방법입니다. 일부 교육비 보험은 자녀의 입학 시기별로 일정한 보험금을 받아볼 수 있도록 설계가 가능한데, 이를 적절히 활용하는 식입니다. 예를 들어 초 · 중 · 고 입학 시기마다 일정한 보험금을 받거나, 대학에 입학하면 매년 등록금의 일부를 보험금으로 지급받는 형태가 대표적입니다.

교육비 보험은 자녀가 자라는 동안 혹시라도 부모가 사망할 경우 자녀가 대학까지 무사히 마칠 수 있도록 설계할 수 있기 때문에 이러한 특성을 적절히 활용하는 것이 좋습니다.

기회비용을 고려하라

부모들은 자녀 교육을 위해서라면 투자를 아끼지 않습니다. 바꿔 말하면 자녀의 교육비라면 기회비용을 따지지 않고 투자한다는 얘기입니다.

예를 들어 자녀에게 매월 100만 원의 사교육비가 들어가는 것을 반으로 줄여 그 차액을 노후 자금으로 준비할 때 얻을 수 있는 효과를 기회비용이라고 생각하면 됩니다. 즉, 한정된 돈으로 자녀에게 투자했을 때 더 행복할지 아니면 본인의 노후 자금으로 활용할 때 더 행복할지를 진지하게 고민해봐야 한다는 얘기입니다.

대부분 부모들이 자녀에게 투자하는 교육비를 줄일 때 왠지 부모의 역할을 다하지 못하는 것 같은 죄책감을 느낀다고 합니다. 여기에 자녀의 미래에 대한 환상이 더해지면 교육비 지출은 더욱 부추겨지게 마련입니다. 전체 생활비에서 교육비 비중이 20%를 넘는다면 교육비 계획을 재점검해볼 필요가 있습니다.

자녀 교육비 마련을 위한
실전 계획법

우리나라 가계의 지출 항목 1순위는 단연 자녀 교육비입니다. 하지만 교육비가 한창 들어가는 시기가 닥쳐 준비하기엔 사교육비 수준이 너무나 높습니다. 미리 계획하지 않으면 안 되는 이유입니다. 자녀 교육비 준비를 어떻게 해야 할지 사례를 통해 알아봅시다.

step 1. 필요한 시점의 교육비를 계산해보자

한 부부의 사례를 통해 교육비를 준비하는 방법을 알아보겠습니다. 이 부부는 초등학생 자녀를 두고 있으며, 아이가 대학교에 들어가는 10년 후 자녀의 유학 자금을 마련하는 것이 재무 목표입니다. 소요되는 총 비용은 (현재 기준) 1억 원 정도를 예상하고 있습니다.

재무 목표 = 10년 후 자녀의 유학 자금 1억 원

문제는 현재와 필요 시점 사이에 10년이란 시차가 존재하므로 이를 좀 더 현실화하기 위해서는 아이의 대학 입학 시점의 필요 교육비(미래가치) 규모를 산출해야 합니다. 10년 후 교육비 상승률을 감안한 실제 교육비를 산출하는 방법은 현재 가치인 1억 원에 교육비 상승률을 10번 곱해주면 되는데 이를 식으로 표현하면 다음과 같습니다.

목표 시점 필요 자금 =

필요 자금 현재 가치 × (1+물가[교육비]상승률)^{목표 기간까지 남은 기간(연)}

물가상승률이 연평균 3% 정도라고 가정하고 계산해보면 자녀의 대학 입학 시점 필요한 유학 자금은 1억 3,439만 원입니다(①).

간편하게 계산하기 위해 다음의 수익률과 물가상승률 계수표를 활용해봅시다. 세로축은 기간(연), 가로축은 물가상승률(%)을 의미합니다. 목표 시점까지 남은 기간이 10년, 물가상승률은 연평균 3%를 가정했으므로 이에 해당하는 계산표를 참조하면 '1.3439'라는 숫자를 확인할 수 있습니다. 현재 가치 1억 원에 1.3439를 곱해주면 10년 후 필요자금 1억 3,439만 원이 산출됩니다.

구분	1%	2%	3%	4%	5%	6%	7%	8%	9%	10%
1년	1.0100	1.0200	1.0300	1.0400	1.0500	1.0600	1.0700	1.0800	1.0900	1.1000
2년	1.0201	1.0404	1.0609	1.0816	1.1025	1.1236	1.1449	1.1664	1.1881	1.2100
3년	1.0303	1.0612	1.0927	1.1249	1.1576	1.1910	1.2250	1.2597	1.2950	1.3310
4년	1.0406	1.0824	1.1255	1.1699	1.2155	1.2625	1.3108	1.3605	1.4116	1.4641
5년	1.0510	1.1041	1.1593	1.2167	1.2763	1.3382	1.4026	1.4693	1.5386	1.6105
6년	1.0615	1.1262	1.1941	1.2653	1.3401	1.4185	1.5007	1.5869	1.6771	1.7716
7년	1.0721	1.1487	1.2299	1.3159	1.4071	1.5036	1.6058	1.7138	1.8280	1.9487
8년	1.0829	1.1717	1.2668	1.3686	1.4775	1.5938	1.7182	1.8509	1.9926	2.1436
9년	1.0937	1.1951	1.3048	1.4233	1.5513	1.6895	1.8385	1.9990	2.1719	2.3579
10년	1.1046	1.2190	1.3439	1.4802	1.6289	1.7908	1.9672	2.1589	2.3674	2.5937
11년	1.1157	1.2434	1.3842	1.5395	1.7103	1.8983	2.1049	2.3316	2.5804	2.8531
12년	1.1268	1.2682	1.4258	1.6010	1.7959	2.0122	2.2522	2.5182	2.8127	3.1384
13년	1.1381	1.2936	1.4685	1.6651	1.8856	2.1329	2.4098	2.7196	3.0658	3.4523
14년	1.1495	1.3195	1.5126	1.7317	1.9799	2.2609	2.5785	2.9372	3.3417	3.7975
15년	1.1610	1.3459	1.5580	1.8009	2.0789	2.3966	2.7590	3.1722	3.6425	4.1772
16년	1.1726	1.3728	1.6047	1.8730	2.1829	2.5404	2.9522	3.4259	3.9703	4.5950
17년	1.1843	1.4002	1.6528	1.9479	2.2920	2.6928	3.1588	3.7000	4.3276	5.0545
18년	1.1961	1.4282	1.7024	2.0258	2.4066	2.8543	3.3799	3.9960	4.7171	5.5599
19년	1.2081	1.4568	1.7535	2.1068	2.5270	3.0256	3.6165	4.3157	5.1417	6.1159
20년	1.2202	1.4859	1.8061	2.1911	2.6533	3.2071	3.8697	4.6610	5.6044	6.7275

step 2. 현재 준비 자금이 있는지 고려하라

현재 자녀의 유학 자금 마련을 위해 준비되어 있는 별도 자금이 1,000만 원(기대수익률 6%)이 있다고 가정해봅시다. 이 역시 수식으로 표현하면 다음과 같습니다.

현재 준비자금 1,000만 원 × (1+예상수익률)^{목표 기간까지 남은 기간(연)}

기대수익률을 6%라고 가정하여 계산해보면 목표 시점의 예상 준비 자금은 1,790만 원입니다(②). 이 역시 수익률과 물가상승률 계수표를 활용해 계산하면 간단합니다. 목표 시점까지 남은 기간이 10년, 기대수익률은 연평균 6%를 가정했으므로 이에 해당하는 계산표를 참조하면 '1.7908'라는 숫자를 확인할 수 있습니다. 현재 준비 자금 1,000만 원에 1.7908을 곱하면 10년 후 준비 자금은 1,790만 원입니다.

step 3. 지출 시점의 부족 자금을 계산해보자

10년 후 자녀 교육비로 필요한 자금은 1억 3,400만 원입니다. 반면 현재 준비된 비용의 미래 가치는 1,790만 원에 불과하므로 더 준비해야 할 자금은 1억 1,610만 원임을 알 수 있습니다.

목표 시점 예상 부족 자금 ① − ② = 1억 1,610만 원

다행히 10년이라는 긴 투자 기간이 남아 있기 때문에 저축과 투자를 통해 재무 목표 달성이 불가능한 것은 아닙니다.

step 4. 필요한 투자금을 계산해보자

그렇다면 부족한 1억 1,610만 원을 마련하기 위해 저축해야 할 금액은 얼마일까요? 저축은 크게 두 가지 방식을 고려할 수 있습니다. 첫 번째는 일시금 형태의 저축 방법으로 정기예금 또는 거치식 펀드 등이 대표적입니다.

① 거치식 투자를 할 경우

10년 후 1억 1,610만 원을 마련하기 위해 매년 6%의 수익률로 현재 얼마를 투자해야 할까요? 이를 수식으로 표현하면 이렇습니다.

목표 시점 예상 부족 자금 1억 1,610만 원 /

(1+예상수익률)목표 기간까지 남은 기간(연)

이 또한 수익률과 물가상승률 계수표를 사용하여 계산해보면, 목표 시점까지 남은 기간은 10년, 기대수익률은 연평균 6%를 가정했으므로 이에 해당하는 계산표를 참조하면 '1.7908'라는 숫자를 확인할 수 있습니다. 현재 부족 자금 1억 1,610만 원을 1.7908으로 나누면 현재 기준 거치식 투자 준비 자금 6,483만 원이 계산됩니다.

② 적립식 투자를 할 경우

현실적으로 6,000만 원이 넘는 돈을 일시금으로 투자할 수 있는 가계는 많지 않습니다. 이 경우 생각할 수 있는 방법이 적립식 투자입니다.

목표 시점 예상 부족 자금 1억 1,610만 원 /

(1+예상수익률＋1회 저축액)^{목표 기간까지 남은 기간(연)} ＋ ⋯ ＋

(1+예상수익률＋마지막회 저축액)^{목표 기간까지 남은 기간(연)}

적립식 투자 원금을 일반 계산기로 구하는 것은 다소 어렵습니다. 이를 위해 다음 페이지에 소개한 적립식 투자금·원리금 균등상환액 계수표를 활용하여 직접 계산해보면 간편합니다.

목표 시점까지 남은 기간이 10년, 기대수익률은 연평균 6%를 가정했으므로 이에 해당하는 계산표를 참조하면 '14.9716'라는 숫자를 확인할 수 있습니다. 현재 부족 자금 1억 1,610만 원을 14.9716으로 나눠봅시다. 그러면 지금부터 매년 775만 원(월 64만 원)씩 저축하면 10년 후 1억 1,610만 원을 마련할 수 있다는 사실을 알 수 있습니다.

조금 어려울 수 있는 내용이지만 실제로 관심이 많은 분야이므로 자신의 상황에 맞게 산출해볼 수 있도록 구성했습니다. 이러한 계산법에 익숙해지면 교육비 외에도 주택자금 마련, 은퇴자금 마련, 목돈 마련 등 다양한 재무 자금 산출이 가능해집니다.

[적립식 투자금 · 원리금 균등상환액 계수표]

구분	1%	2%	3%	4%	5%	6%	7%	8%	9%	10%
1년	2.0100	2.0200	2.0300	2.0400	2.0500	2.0600	2.0700	2.0800	2.0900	2.1000
2년	3.0301	3.0604	3.0909	3.1216	3.1525	3.1836	3.2149	3.2464	3.2781	3.3100
3년	4.0604	4.1216	4.1836	4.2465	4.3101	4.3746	4.4399	4.5061	4.5731	4.6410
4년	5.1010	5.2040	5.3091	5.4163	5.5256	5.6371	5.7507	5.8666	5.9847	6.1051
5년	6.1520	6.3081	6.4684	6.6330	6.8019	6.9753	7.1533	7.3359	7.5233	7.7156
6년	7.2135	7.4343	7.6625	7.8983	8.1420	8.3938	8.6540	8.9228	9.2004	9.4872
7년	8.2857	8.5830	8.8923	9.2142	9.5491	9.8975	10.2598	10.6366	11.0285	11.4359
8년	9.3685	9.7546	10.1591	10.5828	11.0266	11.4913	11.9780	12.4876	13.0210	13.5795
9년	10.4622	10.9497	11.4639	12.0061	12.5779	13.1808	13.8164	14.4866	15.1929	15.9374
10년	11.5668	12.1687	12.8078	13.4864	14.2068	14.9716	15.7836	16.6455	17.5603	18.5312
11년	12.6825	13.4121	14.1920	15.0258	15.9171	16.8699	17.8885	18.9771	20.1407	21.3843
12년	13.8093	14.6803	15.6178	16.6268	17.7130	18.8821	20.1406	21.4953	22.9534	24.5227
13년	14.9474	15.9739	17.0863	18.2919	19.5986	21.0151	22.5505	24.2149	26.0192	27.9750
14년	16.0969	17.2934	18.5989	20.0236	21.5786	23.2760	25.1290	27.1521	29.3609	31.7725
15년	17.2579	18.6393	20.1569	21.8245	23.6575	25.6725	27.8881	30.3243	33.0034	35.9497
16년	18.4304	20.0121	21.7616	23.6975	25.8404	28.2129	30.8402	33.7502	36.9737	40.5447
17년	19.6147	21.4123	23.4144	25.6454	28.1324	30.9057	33.9990	37.4502	41.3013	45.5992
18년	20.8109	22.8406	25.1169	27.6712	30.5390	33.7600	37.3790	41.4463	46.0185	51.1591
19년	22.0190	24.2974	26.8704	29.7781	33.0660	36.7856	40.9955	45.7620	51.1601	57.2750
20년	23.2392	25.7833	28.6765	31.9692	35.7193	39.9927	44.8652	50.4229	56.7645	64.0025

가족의 건강과 안전을 지켜주는
필수 보험 준비하기

가족들이 특정한 위험에 노출된 뒤에도 생활이 예전처럼 유지되려면 위험 관리가 필요합니다. 만약 가족 중 누군가에게 사고나 질병이 발생한다면 그 가정에는 상당한 심적·경제적 고통이 뒤따르기 마련입니다. 물론 대부분은 극복할 수 있지만 경우에 따라서는 그동안 세웠던 많은 계획의 근간이 흔들릴 수도 있습니다.

물론 보험이 모든 것을 해결해줄 수는 없습니다. 하지만 이전과 같은 생활과 계획이 유지될 수 있게 도와주는 유용한 도구가 될 수 있기 때문에, 보험은 어떤 재테크 수단보다 먼저 준비돼야 할 필수품입니다.

ⓦ 인적 위험을 보장하는 보험

보험을 준비하기 전에 반드시 생각해봐야 할 것은 우리 가족이 직면한 위험을 파악하는 것입니다. 일반적으로 죽거나, 다치거나, 아프거나 혹은 너무 오래 사는 것 모두 인적 위험에 해당합니다. 이때 가장 위험한 상황은 예기치 못한 사망이나 고도 장애의 문제입니다. 사망이나 사고로 인해 큰 장애를 입기라도 한다면 남겨진 가족들이나 본인에게 막대한 영향을 끼치기 때문에 이런 위험이 가장 우선적으로 고려되어야 합니다.

이를 보장하는 대표적인 상품으로 종신보험이 있습니다. 종신보험은 말 그대로 보험 기간이 평생이라는 의미의 대표적인 사망 보장 보험입니다. 종신보험은 필요에 따라 중도에 연금 형태로 전환할 수도 있지만, 그것은 어디까지나 만약의 상황을 대비한 것일 뿐 가장 기본은 사망이나 후유 장해에 대한 보장입니다.

보험료가 부담되거나 특정 상황으로 인해 일정 기간 동안만 보장이 필요하다면 정기보험에 가입하면 됩니다. 일정 기간만 보장하므로 종신보험과 동일한 혜택을 누리면서도 짧아진 보험 기간만큼 보험료가 훨씬 쌉니다.

그 외에도 질병이나 상해에 대비한 보험으로 건강보험, 암보험, 상해보험, 실손의료비보험 등이 있습니다. 최근에는 실제 치료 비용을 폭넓게 보장하는 실손의료비보험을 기본적으로 가입하는 추세이지만, 실손의료비보험은 중복 보장이 안 되기 때문에 몇 건을 가입해도 한 건을 가입한 것과 똑같은 보장을 받는다는 점에 유의해야 합니다.

🐷 100세 시대, 노후를 대비하는 보험

100세 시대를 대비한 보험 중 대표적인 것이 연금보험입니다. 연금 보험은 크게 소득공제 혜택 여부에 따라 세제적격형 연금과 세제비 적격형 연금으로 나눌 수 있습니다.

운용 방법에 따라서도 일반연금보험, 변액연금보험, 자산연계형 연금보험 등 다양하게 나눌 수 있는데, 가장 일반적으로 연금보험이 란 일정한 금리를 제공하는 전통적인 금리형 상품을 말합니다. 또 변액연금보험은 납입보험료의 일부를 주식이나 채권 등에 투자하는 펀드 형태로 운영하는 실적배당형 상품을 말합니다. 마지막으로 자산연계형 연금보험이란 특정 자산이나 지수에 연계되어 투자 수익을 내는 상품입니다.

연금 수령 방법에 따라서도 상품을 구분할 수 있습니다. 연금 수령 방식에 따른 분류는 종신연금형, 확정연금형, 상속연금형으로 구분할 수 있습니다. 확정연금형이란 피보험자의 생존 여부와 관계없이 일정한 기간 동안 정해진 연금액을 지급하는 형태를 말합니다. 10년, 20년 기간을 미리 정해두면 그 기간 동안은 안정적으로 연금 혜택을 받을 수 있습니다. 다만 일정한 기간을 정해두었기 때문에 그 기간을 지나면 연금 혜택이 끊길 수 있다는 단점이 있겠죠.

이러한 단점을 보완한 것이 종신연금형입니다. 종신연금이란 말 그대로 피보험자가 사망하는 날까지 연금을 지급받는 형태인데, 오래 생존할 경우 총 연금수령액이 기하급수적으로 늘어나기 때문에 안정적인 연금 혜택이 가능하다는 장점이 있습니다. 그렇기 때문에 연금보험 가입자 중 많은 사람이 종신연금에 가입하고 있습니다.

ⓦ 그 외에 다양한 위험을 보장하는 보험들

그 밖에 고려해볼 만한 보험으로는 재산 위험을 담보하는 화재보험, 자동차보험, 배상책임위험 등을 담보하는 배상책임보험 등이 있습니다. 각자 상황에 맞는 보험을 선택하여 가입하는 게 좋습니다.

[다양한 위험을 보장하는 보험]

인적 위험	물적 위험	배상 책임 위험
가장의 사망, 후유 장해 → 종신보험, 정기보험 등 질병, 상해 사고 → 건강보험, 의료실비보험 등 장기 생존 → 연금보험, 변액연금보험 등	교통사고 → 자동차보험, 운전자보험 등 화재사고 → 화재보험 등	일상생활 중 손해 배상 → 일상생활배상책임보험 업무 중 손해 배상 → 전문인배상책임, 영업배상책임보험

연령별로 관심을 가져야 할
보험 재테크

펀드 및 주식 등의 직접 투자가 공격적 재테크라면, 보험은 위험 관리 수단인 방어적 재테크로 볼 수 있습니다.

그동안 여성들은 적극적으로 보험에 가입하지 않았던 경향이 있습니다. 보험은 주로 가장 위주로 가입이 이루어졌고 여성들은 암보험 정도 가입하는 것이 전부였습니다. 그런데 그렇게 한 살 두 살 나이를 먹다 보면 보험 가입 시기를 놓치기 마련이고, 정작 여성 자신에게 필요한 보험을 준비하지 못하는 경우가 허다합니다.

노후를 생각하는 여성이라면 보험 재테크에 관심을 가져볼 필요가 있습니다. 장기금융상품으로 보험이 꽤 괜찮은 대안이기도 하고, 노년기 고액 지출의 대부분이 의료비라는 점을 감안할 때 젊은 시절 잘 가입해놓은 보험 상품이야말로 최고의 효자 노릇을 할 수 있기 때문입니다.

❂ 30대까지는 질병 보장 위주로, 싱글이라면 종신·정기 보험

20대는 사회생활의 첫발을 딛는 시기입니다. 새로운 가정을 꾸려 가정의 구심점 역할을 시작하는 시기이기도 하지만 최근에는 싱글족의 증가로 이 시기에 경제적 독립을 준비하는 여성들도 많이 늘었습니다.

사회 초년기 여성은 상해·건강·암 등 종합적인 위험에 노출될 우려가 있으므로 저렴한 가격으로 이러한 위험을 피할 수 있는 의료실비보험과 암보험 등에 가입하는 것이 좋습니다.

새로운 가정을 꾸린 주부라면 의료실비보험이나 건강보험·암보험 등 주부 자신에 대한 위험보장 위주로 보험을 준비하는 것이 좋지만, 싱글이라면 종신보험·정기보험 등을 추가적으로 준비하여 사망 또는 고도후유장해 등 본인의 경제력 상실에 따른 위험을 대비하는 것이 좋습니다.

보험은 특히 한 살이라도 어릴 때 가입하는 것이 절대적으로 유리합니다. 특히 여성의 경우 50대를 넘어서면서 부인과 질병, 암 등의 주요 질병이 발생할 확률이 급격히 증가하기 때문에 관련 보험의 가격이 급격

[여성들을 위한 보험 포트폴리오]

구분		20대	30대	40대	50대 이후
보험 포트폴리오	기혼 여성	의료실비보험 건강·암보험	의료실비보험 태아·자녀보험 학자금보험	암보험 연금보험	실버보험 연금보험
	미혼 여성	종신·정기보험 의료실비보험 건강·암보험	종신·정기보험 의료실비보험 저축보험	암보험 연금보험	실버보험 연금보험

하게 증가합니다. 그렇기 때문에 의료실비보험, 암보험 등의 기본 질병에 대한 대비는 20~30대에 미리 준비하는 것이 현명합니다.

● 40대부터는 본격적인 은퇴 준비

40대에 직장생활을 하고 있는 여성이라면 사회적인 지위가 확보되고 안정적인 수입을 얻을 수 있습니다. 40대 초반의 기·미혼 여성이라면 부인병 질환이나 암 등 여성 특유의 질병에 노출될 위험이 커지므로 아직 의료실비보험이나 건강보험·암보험 등이 준비되어 있지 않다면 하루빨리 준비를 앞당겨야 하는 시기입니다.

주부라면 늘어난 가계 수입만큼이나 자녀의 교육·결혼 등으로 지출 또한 가장 많이 생기는 시기입니다. 이때 늘어난 수입을 잘 관리하지 못하면 자칫 노후 준비를 시작하지 못한 상태로 50대에 접어들 수 있습니다. 하지만 여성의 평균 수명이 남성보다 훨씬 높다는 점을 감안할 때 여성들의 노후 대비는 아무리 강조해도 지나치지 않습니다.

● 50대는 보험 재테크의 마지막 기회

50대에는 사회적으로나 가정적으로 여성의 역할과 부담이 적어지는 시기이자 자기 자신에게 좀 더 충실할 수 있는 시기입니다. 하지만 보험이라는 한정된 시각에서 보면 가입할 수 있는 보험이 많지 않은, 보험 재테크의 마지막 시기이기도 합니다.

젊은 시절, 노년에 발생할 수 있는 위험에 미리 대비했다면 연금이나 질병으로 인한 의료비 등의 문제로부터 자유로울 수 있지만 그렇지 않다면 높아진 보험료와 까다로워진 가입 조건 등으로 인해 보험 재테크가 만만치 않을 것입니다.

뒤늦게라도 보험 재테크를 고려했다면 선택과 집중이 필요합니다. 이 시기에 가장 우선적으로 고려해야 할 보험이라면 의료비 보장 상품입니다. 의료실비보장은 노년기 가장 필요한 다양한 의료비 지출로부터 자유로울 수 있는 최선책이기 때문에 비싸도 하나 정도는 꼭 준비하는 것이 좋습니다.

그 외에 노년에 발생하기 쉬운 치매, 암, 성인병 등 각종 노년기 질환에서부터 간병비, 장례 서비스까지 다양한 노년기 생활 위험에 대한 보장을 제공하는 상품들 또한 고려해보는 것이 좋습니다.

다양한 보험료 할인 혜택
200% 활용하기

같은 보장을 해주는 보험이라면 당연히 싸게 구입하는 것이 좋을 것입니다. 쇼핑몰에서 물건을 살 때도 다양한 할인 혜택이 존재하듯이 보험에 가입할 때에도 각종 할인 혜택을 받을 수 있습니다. 해당 사항이 있는지 꼼꼼히 따져보고 알뜰하게 보험에 가입해보면 어떨까요?

◐ 꼭 알아둬야 할 다양한 보험료 할인 제도

보험사는 보험계약별로 사업비 절감 요인 등이 있는 경우, 이를 반영하거나 계약 관리를 용이하게 하기 위해 혹은 기타 마케팅을 목적으로 다양한 보험료 할인 제도를 운영합니다.

대표적인 것으로 건강체 할인 혜택을 꼽을 수 있습니다. 건강체 할인이란 보험사가 정해놓은 일정한 조건(비흡연, 건강 진단 여부 등)에 부합하면

[주요 보험료 할인 제도]

구분	할인조건	할인내용	주요 대상상품
자동이체 할인	보험료 자동이체 납부	보험료의 1%	보장성보험
고액계약 할인	보험료 30만 원 이상	금액별로 1.5~3.0%	저축성보험
	사망보험금 1억 원 이상	금액별로 2.5~6.0%	보장성보험
장기유지 할인	보험 계약을 5년 이상 유지할 경우	보험료의 1%	연금보험
무사고 할인 (갱신보험)	해당 갱신 보장 기간 중 무사고 시	갱신 시 보험료의 5~10%	실손보험, 보장성보험
건강체 할인 (사망보험)	비흡연, 혈압 90~140 및 체질량지수(BMI) 17~26일 경우	보험료의 6~8%	생명보험사의 사망·종신보험
건강체 할인 (실버암보험)	가입부터 6개월 이내 당뇨·고혈압이 없을 경우	보험료의 5%	실버암보험
다자녀 할인	자녀가 2명 이상	보험료의 0.5~2%	어린이보험

※ 회사·상품별로 할인 여부나 할인 기준 및 할인 상품이 다르니 개별 상품의 납입 면제 조건을 꼼꼼히 확인해보는 것이 좋습니다.

건강한 피보험자로 인정되어 보험료의 6~8% 정도의 보험료를 할인해주는 제도를 말합니다.

통신사처럼 오랜 기간 보험을 유지하기만 해도 보험료를 할인해주는 제도도 있습니다. 일명 장기유지 할인혜택이라고 불리는 제도인데, 이 제도가 있는 보험에 가입할 경우 일정 기간 보험을 유지하기만 해도 0.5~2% 정도의 보험료를 할인받을 수 있습니다.

고액의 보험료를 납입하는 우량 고객을 위한 할인혜택도 있습니다. 고액

계약 할인이 바로 그것인데, 가입 금액에 따라 1%에서 최대 6%까지 할인 혜택을 받을 수 있습니다.

그 외에도 자녀가 2명 이상인 계약자를 위한 다자녀 할인혜택이 있는가 하면, 자동이체로 보험료를 납부하면 할인해주는 자동이체 할인, 갱신 기간 중 사고가 없는 경우에 갱신 시 보험료를 할인해주는 갱신 무사고 할인혜택 등 다양한 제도가 존재하므로 잘 알아보고 활용하는 것이 좋습니다.

◑ 보험료 아예 안 내도 괜찮아: 납입 면제

어떤 사람이 고액의 치료비를 빌려 쓴 다음 매달 조금씩 갚는다고 가정해보겠습니다. 그런데 빚을 갚던 도중 암과 같은 중대 질병에 걸리거나

[주요 보험료 납입 면제 제도]

보험료 납입 면제 조건	주요 대상 상품
장해율 50% 이상 (일부 손해보험회사는 80% 이상)	보장성보험
장해율 50% 이상 또는 암 발생	암보험
장해율 50% 이상 또는 급성심근경색·뇌출혈 등 발생	건강보험
장해율 80% 이상	연금보험 (단, 특약 추가 가입 시)

※ 회사·상품별로 할인 여부나 할인 기준 및 할인 상품이 다르니 개별 상품의 납입 면제 조건을 꼼꼼히 확인해보는 것이 좋습니다.

사고로 후유 장해가 생겨 도저히 빚을 갚기 어려운 상황이 됐습니다. 이럴 때 매월 갚던 빚을 더 이상 갚지 않아도 되는 제도가 있다면 꽤 괜찮은 혜택 아닐까요?

이와 비슷한 제도가 바로 보험의 납입 면제 제도입니다. 납입 면제 제도란 특정 조건, 예를 들어 암을 진단받거나 50%, 80% 이상의 후유장애 등이 발생하여 가입자가 보험료 납입을 하기 어려운 상황이 발생할 경우 앞으로 납입할 보험료를 보험사가 대신 납부해주는 제도입니다.

◐ 자동차보험에 처음 가입할 때 챙겨야 할 것들

자동차보험에 처음 가입한다면 '보험 가입 경력 인정 대상 확대 제도'를 꼭 확인해야 합니다. 이 제도를 잘 활용하면 자동차보험료를 최대 38%까지 절약할 수 있기 때문입니다.

자동차보험료는 기본적으로 보험 가입 경력에 따른 경력 할인, 사고 유무에 따른 사고 할인, 연령에 따른 연령 할인 등을 받을 수 있는데, 자동차보험료를 계산할 때 자동차 보험 가입 기간이 3년 이상이면 그렇지 않은 사람에 비해 기본 보험료가 저렴합니다. 이때 보험 가입 경력 인정 대상 확대 제도를 알아두면 기명피보험자* 이외의 피보험자가 자동차보험에 가입한 기간 역시 보험 가입 경력으로 인정받아 보험료 할인 혜택을 받을 수 있습니다.

> 💡 **기명피보험자**
> 계약서에 명시된 주피보험자.

[보험 가입 경력 요율의 예시]

보험 가입 경력	3년 이상	2~3년	1~2년	최초~1년 미만
요율	100%	108%	110%	138%

※ 보험회사별로 적용요율이 다릅니다.

내 아이를 위한 첫 투자,
태아보험

ⓦ 어린이보험과 태아보험, 어떻게 다를까?

결혼과 동시에 여성에게 찾아오는 가장 큰 변화가 바로 임신과 출산입니다. 부부라는 공동체에 새로운 구성원이 추가된다는 것만으로도 재무적으로 준비해야 할 것들이 많아지는데, 대표적인 것이 바로 태아보험입니다.

태아보험은 자녀를 둔 엄마들이라면 누구나 한 번쯤 들어본 보험일 테지만, 첫 출산을 준비하는 초보 엄마들에게는 생소한 보험일 것입니다.

태아보험이란 자녀가 출생할 때 발생할 수 있는 위험(선천성 질환, 신생아 관련 질병, 인큐베이터 비용 등)을 보장해주는 보험상품입니다. 단기적으로는 출산 직후 자녀에게 발생할 수 있는 선천성 질환, 신생아 관련 질병, 인큐베이터 입원 비용 등을 보장하고, 장기적으로는 자녀의 성장 과정 중 발생할 수 있는 암, 질병 및 재해사고 등을 보장해줍니다.

태아보험=어린이보험+출생 시 위험 보장+선천성 질환 보장

일반적으로 태아 때 가입하기 때문에 태아보험이라고 부르지만, 사실 태아보험이라는 상품이 따로 있는 것은 아닙니다. 그래서 많은 엄마들이 태아보험과 어린이보험을 헷갈려합니다. 이름이 다르기 때문에 두 상품이 전혀 다른 상품이라고 오해를 하는 경우가 많은데 사실 어린이보험과 태아보험은 엄밀히 말해 동일한 상품입니다. 단지 태아가 출생하기 이전, 그러니까 엄마가 임신 중에 가입하면 이를 태아보험이라고 하고, 출산 후에 가입하면 어린이보험이라고 부를 뿐입니다.

그럼에도 불구하고 굳이 태아보험을 따로 구분하는 이유는 무엇일까요? 임신 중에 보험을 가입하는 것과 출산 후에 보험을 가입하는 것에 있어 몇 가지 차이가 존재하기 때문입니다.

첫 번째 차이점은 태아보장 가입 여부입니다. 일명 '태아 특약'이라 불리는 이것은 엄마가 임신 중일 때만 가입할 수 있는 특약으로, 태아가 출생함과 동시에 몇 가지 특징적인 보장을 해줍니다. 대표적으로 자녀의 선천성 이상(기형아), 인큐베이터 사용, 임신부의 사망 등을 보장하는 특약이 있고, 심지어 최근에는 제왕절개 수술을 할 경우 소정의 위로금을 지급하기도 합니다.

두 번째 차이점은 선천적인 질병의 보장 유무입니다. 일반적인 보험은 출생과 동시에 발병하는 선천적인 질병을 보장해주지 않습니다. 보험 가입 전에 이미 발생한 질병이나 사고에 대해서는 원천적으로 무효라는 보험법 조항 때문입니다. 하지만 태아보험의 경우에는 해당 조항을 예외로 둡니다. 아이가 태어나기 전에 태아보험에 가입했다면 선천적인 이상 질병이나 후유장해에 대해 보장해준다는 의미입니다. 많은 산모들이 출산 전에 태아보험에 가입하는 이유도 바로 이 때문입니다.

태아보험, 꼭 필요할까?

결론부터 말하면 태아보험은 꼭 필요합니다. 태아보험만이 선천적인 질병에 대한 보장을 해주기 때문입니다. 사랑스런 자녀가 태어난 지 얼마 안돼서 병원에서 치료를 받거나 수술해야 할 경우라면 사고 혹은 선천적인 질병일 가능성이 높습니다. 하지만 출산 후 가입한 자녀

보험으로는 선천적인 원인으로 발병한 질병에 대해서는 보장받기 어렵기 때문에 자녀보험은 태아 때 미리 가입하는 것이 좋습니다.

최근 평균 결혼 연령 상승과 뒤늦은 출산으로 인해 고령 출산이 증가하고 있다는 점 또한 태아보험이 필요한 이유입니다. 고령 임신 자체가 문제되는 것은 아니지만, 상대적으로 높은 위험에 노출되어 있다는 점을 부인하기는 어렵습니다. 또 시대적 · 환경적 요인으로 인해 신종 질병이 늘어나고 있다는 점도 태아보험의 필요성이 증가하는 이유입니다.

태아보험 가입 시 체크해야 할 포인트

1. 가입 시기를 놓치지 마라

태아보험은 가입 시기가 특정 기간으로 정해져 있는데, 보험사마다 차이는 있으나 보통 임신이 확인되는 순간부터 임신 16주에서 22주 또는 24주까지만 가입 가능한 경우가 많습니다. 이 시기를 놓치면 태아보험 가입 자체가 어려울 수 있으므로 주의가 필요합니다. 일부 보험사의 보험은 출산 전까지도 가입이 가능하지만 이 역시도 태아 관련 보장 가입에는 제한이 있는 경우가 대부분이므로 가입 시기를 놓치지 않는 것이 매우 중요합니다.

2. 태아 관련 보장 내용을 살펴라

자녀 출산 후 자녀의 선천성 질병에 대한 수술비, 저체중아 인큐베이터 보장 등에는 꼭 가입하는 게 좋습니다.

태아보험은 출산 후에는 자녀보험의 성격을 띠게 됩니다. 그렇기 때문에 자녀가 자라면서 학원, 학교 등에서 발생할 수 있는 재해사고 및 어린이안전사고에 종합적으로 보장받는 담보를 선택해야 하며, 암이나 소아암 등 고액 치료비에 관련된 보장과 성장기 질환, 골절, 식중독, 화상 등 아이들에게 쉽게 발생하는 사고에 대한 특약도 적절히 준비하는 게 좋습니다.

보장이 높아지면 보험료 부담 역시 커집니다. 그래도 가격 때문에 보장을 낮추기보다 다소 부담이 되더라도 보장에 초점을 맞추는 것이 좋습니다. 만약 보장 내용은 만족스러운데 보험료가 부담스럽다면 순수 보장형으로 가입하거나 납입 기간을 늘리면 고민의 상당 부분을 해결할 수 있습니다.

3. 쪼개서 가입하라

똑똑한 엄마들은 생명보험사와 손해보험사의 장단점을 적절히 활용하여 가입하기도 합니다. 일반적으로 생명보험사의 상품은 고도후유장해, 고액 수술비, 입원 일당 등의 정액 담보에 강점이 있고 손해보험사의 상품은 다양한 보장과 실손 의료비 등에 강점이 있습니다. 그 외에도 생명보험사, 손해보험사 각각의 상품을 통해서만 가입 가능한 독점 보장 항목도 다수 존재합니다. 아이를 키우다 보면 다양한 위험에 노출될 수 있고, 이를 위해서는 다양한 위험 보장이 필요하기 마련인데 다양한 상품의 장점만을 적절히 믹스해 가입하면 최고의 보장 혜택을 누릴 수 있습니다.

4. 평판이 좋은 보험사를 고려하라

보험에 가입하는 궁극적인 목적은 보험 혜택을 누리기 위함입니다. 이를 고려하면 청구 절차가 간단하고 보험금 지급이 빠른 회사를 선택하는 것이 좋습니다. 특히 중증 질병 등에 걸리거나 큰 사고 시에만 보험금이 발생되는 성인과 달리 잦은 병원 치료를 받는 성장기 자녀들의 경우 보험금 청구 또한 잦을 수밖에 없습니다. 자녀보험을 전문적으로 판매하는 일부 보험사들의 경우 청구 절차를 간소화하는 등의 다양한 혜택을 제공하기 때문에 보험사 및 상품 선택도 중요한 체크포인트입니다.

잘못 가입한 보험,
AS가 가능하다

보험은 각종 사고와 의료비, 노후 자금 마련까지 할 수 있는 유용한 상품이지만 잘못 가입했다가 낭패를 보는 경우도 적지 않습니다. 따라서 자신에 맞는 보험에 가입하기 위해서는 상품들을 꼼꼼히 비교해 가입하는 것이 중요합니다. 하지만 그럼에도 불구하고 깨알 같은 약관을 다 살피지 못해 잘못 가입한 보험이 생길 수도 있습니다. 이럴 때 무작정 해지하면 보험의 특성상 금전적으로 큰 손해를 볼 수 있으므로 각종 구제 방법을 미리 알아두면 도움이 됩니다.

○ 청약철회제도와 계약취소제도

보험에 가입한 후에 자신이 원하는 상품이 아니었다는 것을 알게 되거나 보험에 가입할 때 제대로 설명을 듣지 못했다면 청약철회권이나 계약취소권을 행사할 수 있습니다.

청약철회권이란 소비자가 물품 구입 후 단순 변심 또는 기타 사유로 구입을 원치 않을 때 행사할 수 있는 권리를 말합니다. 보험 외에도 방문판매, 전자상거래판매, 할부판매 등에서 청약철회가 시행되고 있으며, 보험의 경우 계약자는 청약한 날로부터 30일 이내(증권을 받은 날로부터 15일 이내)에 언제든지 계약을 철회할 수 있습니다.

청약철회권은 특별한 사유가 없어도 제한 없이 행사할 수 있으며 아무런 위약금이나 손해배상책임이 존재하지 않습니다. 또 계약자가 계약을 철회하면 보험사는 신청받은 날로부터 3일 이내에 계약자가 낸 보험료 전액을 돌려줘야 하는데, 반환이 늦어질 경우 소정의 이자를 더해 지급받을 수 있습니다.

계약취소권이란 청약철회 기간이 지난 이후 계약을 취소할 수 있는 권리를 말하는데, 청약철회권과 달리 일정한 사유가 존재하지 않으면 행사할 수 없습니다.

계약 취소는 보험 계약이 성립된 날로부터 3개월 이내에 가능하며, 취소 사유는 다음 중 한 가지 이상에 해당돼야 합니다.

[청약철회 시 보험회사가 반환할 금액]

3일 이내 지급할 경우	3일이 지나서 지급할 경우
납입한 보험료 지급	납입한 보험료와 이자 지급

[청약철회권과 계약취소권의 차이]

구분	청약철회권	약관 설명 의무 위반 등에 의한 계약취소권
사유	청약철회의 전제가 되는 사유 불문	보험회사 등이 약관 설명 의무 등을 이행하지 않은 경우
행사 기간	• 청약 일부터 30일 (단, 보험증권을 받은 날부터 15일 이내) • 계약 성립 전에도 행사 가능	• 계약 성립 일부터 3개월 • 계약 성립 후에만 행사 가능
행사에 따른 효과	• 보험 계약자가 이미 납입한 보험료를 지급 • 보험회사가 철회 신청을 받은 날부터 3일이 지난 경우에는 이자를 더해서 지급	• 보험 계약자가 이미 납입한 보험료에 납입일 이후 이자를 더해서 지급

① 보험 약관의 중요 내용에 대해 설명을 듣지 못한 경우

② 보험 약관과 보험 계약자 보관용 청약서(청약서 부본)를 받지 못한 경우

③ 보험 계약자가 청약서에 자필 서명을 하지 않은 경우

계약 취소 조건에 해당하여 계약이 취소되면 납입한 보험료 전부와 해당 기간에 따른 소정의 이자까지 지급받을 수 있습니다.

◑ 어쩔 수 없을 때는 구제 제도 활용

보험은 만일의 상황에 대비하기 위해 가입하는 상품입니다. 그렇기에 일단 가입 전에 꼭 필요한 내용인지 꼼꼼히 따져보고 가입하는 것이 첫 번째 원칙입니다.

보험을 가입할 때는 보험 약관 등을 자세히 살피고 이해되지 않는 부분이 있으면 보험설계사에게 적극적으로 설명해달라고 요청해가며 내용을 일일이 확인하는 것이 필수입니다. 특히 이 과정에서 보장 관련 내용을 보험설계사에게 구두로 듣고 가입했는데 추후 발생한 보험사고에서 보상을 받지 못한 경우, 구두 설명의 진위를 확인할 수 없기 때문에 상품요약서와 약관을 확인하는 것은 무엇보다 중요합니다.

하지만 피치 못할 사정으로 보험에 잘못 가입했다면 구제제도를 통해 권리를 잘 챙기는 것 또한 현명한 소비자의 지혜입니다.

4장

실거주와 투자를
동시에 만족시키는
내 집 마련 노하우

전세 계약할 때
반드시 알아야 할 것들

경매투자를 하다 보면 안타까운 사연을 자주 접하게 됩니다. 저는 경기도에 위치한 A아파트를 경매로 낙찰받은 적이 있습니다. 당시 시세보다 10% 정도 저렴한 3억 원 정도에 매입했는데, 해당 아파트에는 임차인이 거주하고 있었습니다. 당시 임차인은 보증금 8,000만 원에 월세 40만 원의 반전세를 살고 있었는데, 경매 과정에 보증금을 한 푼도 돌려받지 못했습니다. 임차인이 보증금을 돌려받지 못한 이유는 두 가지 실수 때문이었습니다.

첫 번째 실수는 확정일자 신고를 하지 않은 것입니다. 최초 임차계약을 할 당시 아파트의 시세는 4억 원 정도였고, 대출금은 1억 원도

채 되지 않았습니다. 그렇기에 계약할 때 '보증금 8,000만 원 정도는 안전하겠지'라고 안일하게 생각했다고 합니다. 그러나 몇 번을 재계약하는 동안 집주인의 자금 사정은 악화되었고, 대출액은 눈덩이처럼 불어났으며, 아파트 가격도 고점 대비 하락하여 결국 경매에 붙여진 것입니다.

두 번째 실수는 배당 신청을 하지 않은 것입니다. 경매 당시 집주인의 부채 총액은 약 3억 원이 넘었지만, 다행히도 주택임대차보호법에서 정한 소액임차금 최우선변제 조건에 해당되어 보증금의 일부(2,700만 원)라도 배당받을 수 있었습니다. 하지만 임차인은 이마저도 안일하게 대처했습니다. 세입자가 보증금을 돌려받을 '권리'를 행사하려면 경매가 이루어지기 전에 직접 법원에 배당받을 권리가 있다는 사실을 알려야 합니다. 법원은 임차인에게 배당신고기일까지

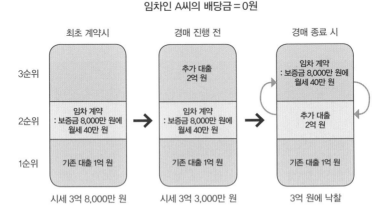

임차인 A씨의 배당금 = 0원

배당권리를 신청하라고 통지했지만 임차인은 날짜를 제대로 살피지 않고 배당권리를 신청하지 못하는 실수를 저지르고 말았습니다. 결국 부채 배당권리를 상실한 임차인은 빈손이 될 수밖에 없었습니다.

'설마 이런 사람이 얼마나 있겠어' 할 수도 있겠지만 실제로 법원에 가보면 이런 안타까운 일이 비일비재합니다. 경매에 붙여진 부동산의 3분의 1 정도가 보증금 피해를 입는다고 합니다. 임차 계약 시 몇 가지 사전지식만 있으면 피할 수 있었던 위험인데, 단지 몰랐다는 이유로 큰 피해를 입게 된 것입니다.

세계적인 투자의 고수 워런 버핏의 투자 제1원칙은 '절대 잃지 않는 것'이라고 합니다. 요즘 같은 저금리 시대일수록 '지키는 재테크'가 중요합니다.

임차보증금을 지키기 위한 권리: 대항력

보증금을 확실하게 지키기 위해 알아둬야 할 것들에는 무엇이 있을까요?

첫째가 대항력입니다. 대항력이란 현재 임차해 살고 있는 주택의 소유주가 변경될 경우 새 주인에게 임차인의 권리행사를 대항할 수 있는 권리를 말합니다. 쉽게 말해 '대항력이 있다'는 말은 '임차인이 계약을 체결한 원래 집주인뿐 아니라 제3자에 대해서도 임대차 계약서상의 권리를 똑같이 주장할 수 있다'는 의미입니다.

결론적으로 대항력을 갖추면 임차해 살고 있던 주택이 매매되거나, 경매나 공매를 통해 주인이 바뀌더라도 임대차 계약 기간 안에는 집을 비워주지 않아도 됩니다. 또 계약 기간 종료 후에 보증금을 반환받을 수 있는 권리도 확보할 수 있습니다. 그러나 대항력이 없으면 부득이하게 임차주택의 소유권이 넘어갈 경우, 임차 권리의 전부 또는 일부를 보호받지 못할 수 있습니다. 대항력의 개념에 대해 꼭 알아둬야 하는 이유도 이 때문입니다. 대항력을 갖추는 방법은 다음과 같습니다.

① 전입신고를 반드시 할 것
② 입주하여 점유할 것
③ 말소기준권리에 앞서서 대항 요건을 갖출 것

임차인이 가장 먼저 할 일은 전입신고를 하는 것입니다. 주택을 인도받은 후 주민등록 전입신고만 마쳐도 대항력이 발생합니다. 하지만 전입신고를 통한 대항력은 전입신고를 마친 날의 다음 날 0시부터 발생하기 때문에 효력 발생 시점에 대해 주의할 필요가 있습니다. 실제로 전입신고와 대항력 효력 발생 시점 사이에 대출이 발생하여 피해를 입는 경우도 간혹 발생합니다.

우선순위도 고려해야 합니다. 만약 전입신고 효력 발생일 이전에 저당권, 근저당권, 담보가등기, 가압류, 압류, 전세권등기, 경매기입등기 등의 선순위 권리가 남아 있다면 시점상 대항력은 이들 권리보다 후순위가 되어 권리행사가 어려울 수 있습니다. 그렇기 때문에 임차 계약 시 등기부등본상의 선순위 권리 유무를 꼭 살펴보는 것이 좋습니다.

임대차 계약을 할 때는 공인중개사가 근저당 등의 채권최고액을 확인해주지만 이왕이면 임차인 당사자도 채권 관계는 어떻게 되는지, 대출이 있다면 대출금과 보증금을 합한 금액이 주택 가격의 어느 정도 수준인지 등을 꼭 확인하는 것이 좋습니다. 이때 만약 대출금과 보증금을 합한 금액이 주택 가격의 70~80%를 넘는다면 일단 주의해야 합니다.

마지막으로 계약할 때 권리분석을 했어도 잔금 납입을 할 때 한 번 더 확인해야 합니다. 일반적으로 부동산 계약은 최초 계약 후 1~2개월 뒤인 입주 시점에 잔금을 치릅니다. 그래서 계약 시점에는 대출이나 권리관계가 깨끗했다 하더라도 중간에 변동사항이 있을 수 있기 때문에 마지막 잔금을 지급하기 전에 계약 이후 추가 대출 여부를 확인하는 것이 좋습니다.

임차보증금을 지키기 위한 권리: 확정일자

많은 사람이 임차주택에 법적 문제가 발생할 때 전세보증금을 안전하게 보호받기 위해 무작정 전입신고와 확정일자를 받아야 한다고 생각합니다. 실제로 확정일자는 서민들이 보증금을 확실하게 지킬 수 있는 비교적 손쉬운 방법이고, 꼭 필요한 절차임에 틀림없습니다. 하지만 확정일자만 받아놓는다고 모든 것이 해결될 거라고 생각하는 것은 금물입니다.

확정일자란 법원, 등기소, 공증기관, 읍·면·동사무소 등에서 임대차 계약이 체결됐음을 증명받는 일종의 공증 행위라고 할 수 있습니다. 따라서 임대차 계약서에 확정일자가 날인됐다면 해당 날짜에 임대차 계약 문서가 존재하고 있음을 증명하는 효력이 있을 뿐 그 자체가 모든 것을 해결해주지는 않습니다.

그리고 이 날짜는 향후 임차주택이 경매나 공매로 넘어갈 경우, 법적인 권리의 시간 순서를 정하는 기준일이 됩니다. 후순위 권리자보다 앞서 보증금을 배당받을 수 있는 권리를 보증받는다는 점에서 중요한 권리인 것은 맞지만 확정일자에 대해 제대로 알아둬야 할 것이 몇 가지 더 있습니다.

첫째, 확정일자는 만병통치약이 아닙니다. 확정일자는 임차주택이 경매나 공매로 매각될 경우 확정일자로서의 효력을 발휘하는 것이지 일반 매매에서는 아무런 쓸모가 없습니다. 임차주택이 경매로 넘어가면 낙찰자가 납부한 매각대금을 이해 관계자(채권자, 임차자 등)에게 나눠주는 '배당'이라는 절차를 진행합니다. 이때 이해 관계자들의 배당 우선순위에 따라 돈을 차례대로 받게 되는데, 이때 확정일자를 기준으로 배당 순서를 정하게 됩니다.

둘째, 확정일자와 대항력은 엄연히 다른 개념입니다. 임차인의 대항력이란, 임대차 계약 체결 후 전입신고와 입주를 마무리하면 해당일의 다음 날 0시부터 발생하는 것으로 확정일자 여부와는 상관이 없습니다. 하지만 확정일자가 없다면 복잡한 권리관계 간에 우선순위를 가릴 때 불리할 수 있으므로 함께 챙기라고 추천하는 것입니다.

또 확정일자가 배당순위로서의 효력을 갖기 위해서는 대항요건(전입신고와 입주를 마쳐야 대항력이 생김)이 먼저 구비돼야 한다는 점에도 주의해야 합니다. 예를 들어 1일 날 확정일자를 미리 받고, 10일 날 입주 및 전입신고를 마쳤다면 배당 효력일은 11일 0시부터가 됩니다.

셋째, 확정일자를 받았다고 무조건 배당받을 수 있는 것은 아닙니다. 경·공매 매각대금으로 임차인이 배당받기 위해서는 배당 요구 기간 내에 반드시 법원에 배당 요구 신청을 완료해야 합니다. 배당 요구 기간은 임차주택의 경매가 진행되거나 하면 법원이 별도로 통보합니다. 이때 법원이 통보한 배당 요구 기한 내에 배당 요구를 하지 않으면 배당받을 수 없으므로 주의할 필요가 있습니다.

마지막으로 재계약을 할 때도 확정일자를 받아야 합니다. 최근 몇 년간 전세금이 많이 오르면서 임대차 계약 연장 시 보증금을 증액하여 재계약하는 경우가 많습니다. 하지만 보증금 증액분에 대해 확정일자를 다시 받아야 한다는 사실을 모르는 이들이 많습니다. 재계약할 때 확정일자를 받지 않으면 최초에 확정일자를 받은 보증금 외에 추가 보증금을 돌려받지 못할 수 있습니다. 그리고 증액한 보증금에 대해 확정일자를 다시 받았다고 해도 최초 계약과 증액한 계약 사이에 다른 권리가 치고 들어온 경우, 증액된 보증금의 배당순위는 이들 권리보다 후순위로 밀리게 된다는 점도 꼭 알아둬야 합니다.

나의 전세금을
200% 지키는 방법

Q 확정일자는 어떻게 받아야 할까요?

A 확정일자는 계약서 작성 후, 주민센터에서 전입신고를 할 때 동시에 신고하면 됩니다. 주민센터 외에 등기소나 합동법률사무소에서도 확정일자를 받을 수 있습니다. 그리고 대항력을 갖추려면 전입신고와 입주를 완료해야 합니다. 확정일자는 기본 요건은 아니지만 경매에 넘어갔을 경우를 대비한 하나의 세트라고 생각하고 함께 완료해두는 것이 좋습니다.

Q '전세권 설정'이라는 것이 있던데 확정일자와의 차이점은 뭔가요?

A 전세권 설정이란 임차권을 등기부등본상에 명시하는 것을 말합니다. 주택임대차보호법이 없었을 때에는 민법에서 규정하는 전세권과 임차 등기만이 전세금과 보증금을 보호하는 유일한 방법이었습니다. 하지만

현행 임대차보호법에 따르면 점유와 전입신고, 확정일자까지 마치면 물권과 동일한 효력을 인정받을 수 있으므로 군이 전세권 설정은 하지 않아도 됩니다.

Q 확정일자를 받으면 전세권 설정을 할 필요가 없다는데, 전세권 설정이 꼭 필요할까요?

A 전세권 설정을 하려면 주인의 사전 합의도 필요하고, 설정비도 만만치 않게 들어가기 때문에 대부분은 확정일자로 이를 대체하곤 합니다. 확정일자만으로도 우선변제에 대한 권리를 확보할 수 있는데, 군이 전세권 설정을 고집하는 사람들도 많습니다. 그 이유는 확정일자의 경우 전입신고와 확정일자를 동시에 해야 한다는 것 외에 실제 거주를 해야 대항력이 발생하는 반면, 전세권 설정은 실제 거주를 하지 않아도 주민등록 이전 등과는 아무 상관없이 물권으로서 지위를 인정받을 수 있기 때문입니다. 만약 보증금을 돌려받지 못한 상태에서 부득이하게 이사를 가야 한다면 전세권 설정이 꼭 필요할 수 있습니다.

Q 확정일자를 받은 계약서가 만료됐는데, 계약 연장을 하려면 어떻게 해야 할까요?

A 연장을 할 경우 기존 계약서의 기간 연장 부분에 쌍방(임차인과 임대인)이 날인하면 연장됩니다. 만약 전세금을 증액할 때는 기존 계약서에

기간 연장 부분만 적고, 추가 계약서를 별도로 작성하여 추가되는 금액에 대해 확정일자를 추가로 받으면 됩니다.

Q 근저당권이 설정된 건물에 전세를 들어가도 될까요?

A 가능하면 피하는 것이 좋습니다. 다만 전세 대란 시기에는 조건이 딱 맞는 전셋집을 찾기 어려우므로, 어쩔 수 없이 대출이 있는 집에 들어가야 하는 상황이 발생할 수도 있습니다. 이 경우 대출금과 보증금의 합이 집값 시세의 70~80%를 넘지 않는 선에서 계약을 고려할 수 있습니다.

Q 확정일자를 받고 대항력을 갖추며 살고 있는데, 집주인이 바뀌면 계약 갱신은 어떻게 해야 하나요?

A 집주인이 바뀌면 새로 계약서를 써야 한다고 알고 있는 사람들이 많습니다. 하지만 집주인이 바뀌어도 새 주인은 해당 부동산의 모든 권리와 의무를 동시에 인수받는 것을 원칙으로 하기 때문에 주택임대차보호법이 정하고 있는 임차인의 모든 권리를 주장할 수 있습니다. 다시 말해 주인이 바뀌었으니 집을 비우라고 요구하더라도, 주택임대차보호법이 정하는 최소 기한인 2년간은 집을 비워줄 필요도 없고, 보증금을 올려줄 필요도 없습니다.

내 집 마련하기 전에
꼭 알아둬야 할 것들

재테크 최대 과제 중 하나가 바로 '내 집 마련'입니다. 최근 KB국민은행의 발표 자료에 의하면 서울의 가구소득대비 주택 가격 비율(PIR)은 11.5입니다. 약 11년간 소득을 한 푼도 쓰지 않고 모아야 서울에 내 집 한 채를 마련할 수 있다는 얘기입니다. 기본적인 생활비가 안 들어갈 수는 없는 노릇이니 이마저도 비현실적인 이야기에 불과하죠. 내 집 마련을 '재테크 끝판왕'이라고 표현하는 것도 괜한 말은 아닌 것 같습니다.

그렇다고 '미션임파서블'이라며 자포자기로 일관할 수도 없는 노릇! 내 집 마련, 어디서부터 어떻게 시작하면 좋을까요?

ⓦ 원하는 집을 구체적으로 생각하자

내 집 마련은 인생에서 가장 큰 비용이 드는 재테크 중 하나입니다. 보통 마트에 가서 물건을 하나 사더라도 꼼꼼하게 고르고, 핸드폰 하나를 바꾸더라도 이것저것 비교해보고 따져보고 구입하는 것이 다반사입니다. 하지만 아이러니하게도 가장 많은 비용이 드는 집을 선택할 때에는 이렇다 할 사전 정보 없이 덥석 구입하는 경우가 의외로 많습니다.

내 집 마련에 대한 목표가 불확실하기 때문입니다. 영화 〈변호인〉에서 고학생 시절 학비 마련을 위해 부산 앞바다가 훤히 보이는 아파트 건설 현장에서 미장일을 하던 극중 주인공이 나중에 성공해서 이집에서 꼭 살고 싶다고 꿈을 꿉니다. 후에 그는 변호사가 되어 큰돈을 번 후 그 집을 구입하게 되죠.

다른 투자 자산과 부동산의 가장 큰 차이점은 바로 유일성입니다. '서울시 용산구 용산동 1번지' 주택은 이 세상에 단 하나뿐이기 때문입니다. 같은 단지, 같은 평수, 같은 평면의 비슷한 물건이 있을 수는 있지만 101호, 102호 역시 따지고 보면 엄연히 다른 물건입니다. 이같은 부동산의 개별성이야말로 일반 금융자산과 가장 큰 차이점이라 할 수 있습니다.

그렇기에 부동산은 입지 조건, 주택의 종류, 규모 등의 여러 가지 조건에 따라 가격도 천차만별입니다. 적어도 내 집 마련을 계획하고 있다면 우선 어느 지역이 좋을지, 어떤 종류의 주택이면 좋을지, 규모는 어느 정도가 좋을지 등의 요소들을 충분히 검토한 후 나만의 목표를 구체적으로 정하는 것이 중요합니다.

현실적인 투자 기간을 고려하자

내 집 마련은 큰돈이 들어가는 재무 목표입니다. 목돈이 필요한 만큼 준비 기간 또한 길 수밖에 없고 때문에 준비 기간 역시 매우 중요한 고려 요소입니다.

내 집 마련 기간이 향후 2~3년 이내로 비교적 단기라면 현재 준비된 자산과 필요한 자금의 차이인 부족 자금을 마련하기 위한 단기 투자 계획을 세우고 관련된 투자 상품으로 포트폴리오를 구성하는 것이 적절합니다. 이 경우 펀드나 변액보험 같은 장기 상품은 피하는 것이 좋습니다. 오히려 2~3년 후 투자 손실로 인한 스트레스나 자금 부족 리스크 등을 고려한다면 만기 때 수익이 확정되는 예적금 같은 금리 상품이 적절합니다.

반면 내 집 마련 시기를 5~10년 후로 멀리 계획한다면 얘기가 달라집니다. 이때는 투자 기간은 좀 길지만 비과세, 세제 혜택이 있는 상품을 적극 활용하거나 공격적인 자산 운용을 위해 일부 자산을 주식이나 투자형 자산에 배분하는 것도 고려하는 것이 좋습니다.

🐷 세금까지 미리 계산해야 한다

내 집 마련을 위한 꿈을 이루기 위한 저축 플랜을 세우는 데 있어 또한 가지 고려해야 하는 부분이 바로 세금입니다. 부동산과 세금은 떼려야 뗄 수 없는 관계입니다. 실제로 구입 시 취득세, 보유 시 재산세와 종합부동산세, 처분 시 양도소득세 등 때마다 다양한 종류의 세금이 발생합니다. 금액 또한 무시할 수 없는 수준이죠. 예를 들어 부동산의 가격이 5억 원이라면 취득세로만 2,000만 원이 넘는 세금을 내야 합니다. 양도소득세는 더 심각해서 최대 세율이 42%에 달합니다.

그렇기 때문에 내 집 마련을 계획한다면 세금 및 부대비용까지 고려해야 합니다. 단순히 내야 하는 세금뿐 아니라 중과세, 특별과세, 세제 혜택 등을 종합적으로 고려하여 가장 유리한 투자 전략을 수립하는 것이야말로 진정한 부동산 고수로 가는 지름길입니다.

마지막으로 투자 계획을 수립할 때도 세제 혜택을 고려하는 것이 좋습니다. 특히 내 집 마련의 경우 비교적 장기 투자일 확률이 높으므로 금융상품을 선택할 때 세금혜택이 있는 상품을 고려하는 것이 좋습니다. 일반적으로 비과세→세금우대→분리과세→일반과세 등의 순서로 금융상품을 선택하는 것이 유리합니다.

구분	국세	지방세제	
		지방세	관련 부가세
취득 시	인지세 (계약서 작성 시) 상속세 (상속받은 경우) 증여세 (증여받은 경우)	취득세	농어촌특별세(국세) 지방교육세
보유 시	종합부동산세 (일정 기준 금액 초과 시) 농어촌특별세 (종합부동산세 관련 부가세)	재산세	지방교육세 지역자원시설세 (도시계획세는 재산세에 통합)
처분 시	양도소득세	지방소득세 (소득분)	해당 없음

구입 방법을 정하자

내 집 마련 구입 방법도 중요하게 고려해야 할 사항입니다. 대표적인 주택 구입의 방법으로는 매입, 분양(청약), 경매(공매) 등이 있는데, 매입이 가장 대표적인 내 집 마련 방법입니다. 구입할 주택을 직접 눈으로 보고 이런 저런 조건을 확인한 후 매입하는 방식이기 때문에 가장 리스크가 적고 손쉬운 방법입니다.

분양은 주택청약제도에 의해 운영되는데, 청약을 받으려면 주택청약을 위한 통장이 있어야 합니다. 주택청약통장을 가지고 있다고 모두 당첨되는 것은 아니고 일정한 기준에 충족해 청약에 당첨돼야만 내 집 마련이 가능합니다. 하지만 분양은 부동산 경기 등의 영향을 많이 받는 특징이 있어 내 집 마련 계획을 세웠다 하더라도 내가 원하는 지역, 원하는 시기, 원하는 형태의 집을 구입하지 못할 가능성도 있습니다. 하지만 새집을 원하거나 청약가점제 등의 기준 요건에서 우선순위에 해당한다면 최우선적으로 고려해볼 만한 방법입니다.

경·공매는 주택을 가장 싸게 구입할 수 있는 방법으로 알려져 있습니다. 실제로 잘만하면 시세의 70~80% 수준에서 집을 구입하기도 합니다. 하지만 가격적인 메리트만 보고 접근하는 것은 매우 위험합니다. 경매는 집의 내부 상태를 확인하기가 거의 불가능하고, 법적인 권리 문제, 점유자 또는 기존의 세입자를 내보내야 하는 문제 등 고려해야 할 사안이 많아 리스크가 큰 편입니다.

대출 금액과 상품을 고려하자

투자 계획을 잘 실천했다 하더라도 여러 가지 변수로 인해 자금이 부족할 수 있습니다. 이 경우 가장 합리적으로 생각해볼 수 있는 방법이 주택담보대출입니다.

그런데 담보대출의 종류도 다양하고, 조건에 따라 유리한 대출 상품도 상이합니다. 특히 주택담보대출의 경우 대출 규모가 상당하고 대출 기간 역시 10년 이상 장기인 경우가 많으므로 약간의 금리 차이나 조건에 차이가 발생하더라도 실제 부담해야 할 비용에서 큰 차이가 발생할 수 있어 꼼꼼히 체크해야 합니다.

대표적으로 주택금융공사의 모기지론, 디딤돌대출 등의 정책성 대출과 일반대출 상품의 형태인 시중은행의 주택담보대출 상품이 있습니다. 해당 대출의 기본 요건에 대해 사전에 미리미리 알아보는 것이 좋습니다.

내 집 마련을 위한
대출 상품 200% 활용법

웬만하면 빚은 지지 않는 것이 좋고, 만약 대출이 있다면 빨리 갚는 것이 재테크의 기본입니다. 빚이 있으면 대출상환으로 인해 현금흐름에 마이너스가 되기 쉽고, 현금흐름이 악화되면 돈을 모으고 불려나가기가 쉽지 않기 때문입니다. 그렇다고 빚을 무조건 나쁜 것으로만 여기는 것도 곤란합니다.

일반적으로 빚은 재테크에 악영향을 끼치지만 좋은 빚은 적극적으로 활용하는 것이 유리할 때도 있습니다. 때로는 감내할 수 있는 범위 내에서 좋은 빚을 적절히 활용하는 것이 투자의 효율을 높이는 데 유용합니다. 큰 비용이 드는 만큼 주택 구입과 관련해서 대출을 적절하게 활용하는 것도 한 방법일 수 있습니다. 피치 못할 사정으로 인해 대출을 통해 부족 자금을 충당해야 하는 경우도 있을 수 있습니다. 어차피 받을 대출이라면 가장 유리한 대출 계획을 세우는 게 현명하겠죠.

○ 무리한 대출은 절대 금물

빚으로 발생하는 문제들은 그 사례를 일일이 열거하기 어려울 정도로 무수히 많습니다. 하지만 문제가 발생하는 이유들을 살펴보면 빚 때문이 아니라 빚을 제대로 관리하지 못해 발생하는 경우가 훨씬 많습니다.

가장 대표적인 경우가 자신이 감당할 수 없는 빚을 지는 것입니다. 무리해서 대출 받았는데 집값은 기대만큼 오르지 않고 대출금리만 오르는 최악의 상황이 발생하면 근심은 깊어질 수밖에 없습니다. 이 같은 문제를 근본적으로 해결하기 위해서는 대출을 활용하더라도 애초에 대출금 규모를 자신이 통제 가능한 수준으로 맞춰야 합니다.

안정성을 고려한 적정 대출 규모는 소득이나 처한 상황에 따라 다르지만, 일반적으로 총부채 규모는 총자산의 40%를 넘지 않는 것이 좋습니다. 총 대출 규모만큼이나 중요한 것이 매월 상환하는 대출 원리금의 규모인데, 대출 상환액이 소득의 일정 수준을 넘어서면 현금흐름에 문제가 발생할 확률이 급격히 높아집니다.

◎ 나에게 맞는 대출 상품은?

1. 보금자리론

주택을 구입할 때 받을 수 있는 대표적인 대출로 모기지론이 있습니다. 모기지론이란 주택을 담보로 20~30년까지 장기대출해주는 제도로, 한국주택금융공사에서 운영합니다. 아파트의 경우 집값의 최대 70%(투기지역 예외)까지 대출 받을 수 있고 최대 5억 원까지 대출이 가능합니다. 특히 대출금리가 확정금리로 운영되기 때문에 금리 변화에 대한 불안감이 없는 것이 장점이며, 85㎡ 이하 주택을 15년 이상 만기로 대출 받을 경우 대출이자에 대해 연 최대 1,800만 원까지 소득공제 혜택을 받을 수 있어 추가적인 금리 인하 효과가 있는 것도 장점입니다(8.2 부동산 대책 이후 지역에 따라 대출 비율이 조정되었으니 꼭 확인해야 합니다).

상환 조건은 매월 원리금균등분할상환 방식이 기본인데, 만기까지의 대출원금과 이자를 미리 계산해 매월 일정한 금액을 상환하는 방식을 말합니다. 은행권 주택담보대출에서 주로 사용하는 만기일시상환 방식에 비해 초기 금융비용이 많이 드는 것이 특징이지만, 차근차근 원리금을 갚아가다 보면 만기 때 목돈이 들지 않아 매월 일정한 수입이 있는 월급생활자들에게 적합한 방식이라 할 수 있습니다.

대출의 대상이 되는 주택은 아파트, 단독주택(다가구 제외), 연립 및 다세대 주택으로 실주거용에 한정되며, 9억 원이 넘는 고급주택이나 재건축, 재개발 진행 중인 주택 역시 제외될 수 있으므로 추가적인 확인이 필요합니다. 대출 자격 또한 까다로워서 만 20세 이상 무주택자 또는 1주택자만 가능하며 월상환대출금액 역시 소득의 일정 비율 이내로 제한하는 조건 등이 있으니 확인 후 대출 계획을 세울 필요가 있습니다. 조기 상환 수수료 역시 3년 이내일 경우 일반 주택담보대출의 중도 상환 수수료보다 높으므로 실수요자 중심의 장기대출에 적합하다 할 수 있습니다.

2. 무주택자를 위한 디딤돌대출

무주택 서민들이 조금 더 나은 조건으로 내 집 마련할 수 있도록 지원하는 '내 집 마련 디딤돌대출(이하 디딤돌대출)'이라는 상품이 있습니다. 디딤돌대출이란 근로자 · 서민 주택자금대출, 생애 최초 주택자금대출, 우대형 보금자리론 등 여러 형태로 나눠져 있던 서민형 정책 모기지 상품을 하나로 통합한 상품입니다. 가입 대상은 부부 합산 연소득이 6,000만 원 이하인 무주택 세대주만 해당되고, 만약 생애 최초 주택 구입일 경우 연소득 7,000만 원 이하까지 신청할 수 있습니다.

디딤돌대출은 5억 원 이하, 주거 전용면적 $85m^2$ 이하인 주택을 구입할 때 최대 2억 원 한도 내에서 주택담보가치의 최대 70%까지 받을 수 있습니다(투기지역 예외). 가입 조건은 일반 보금자리론에 비해 까다롭지만 금리 등 혜택 면에서는 유리합니다. 금리는 연 2% 중반에서 3% 중반까지 운영되는데, 소득과 대출 기간에 따라 차등 적용되며 만기까지 고정 또는 5년 단위 변동금리 중에 선택하여 신청할 수 있습니다.

디딤돌대출의 가장 큰 장점은 우대금리 혜택입니다. 다자녀가구는 0.5%, 다문화가구 · 장애인가구, 생애 최초 주택 구입 가구, 신혼가구(결혼 예정자 포함) 등은 0.2% 정도의 우대금리 혜택이 가능해서 우대금리까지 적용받으면 상당한 금리 인하 효과를 누릴 수 있습니다.

3. 은행권 주택담보대출

주로 은행이나 보험사에서 취급하는 주택담보대출을 말하는데, 일반적으로 담보대출이라고 하면 거의 이 상품들을 말합니다. 주택 경기가 활성화됐던 예전에는 3년 만기 형태로 이자만 납입하다가 만기에 일시 상환하는 형태가 주를 이루었습니다. 하지만 주택금융공사의 모기지론 등장과 함께 장기대출에 대한 인식이 높아지면서 은행권 주택담보대출 역시 장기대출 상품의 형태가 가장 흔한 형태로 자리 잡았습니다.

장기대출의 주 고객층은 모기지론 대출 자격에 해당되지 않는 다주택자들이나 고가주택을 담보로 하는 이들인 경우가 많고, 단기대출을 목적으로 하는 경우 이자만 납입하는 만기일시상환상품 형태가 주로 활용됩니다.

일반 주택담보대출의 장점이라면 대출의 제약 조건이 없고 상환 방법 또한 만기일시상환, 원금균등분할상환, 원리금균등분할상환 등으로 자신의 상환 스케줄에 맞게 선택할 수 있다는 점입니다.

주로 변동금리로 운영되기 때문에 저금리기에는 3~4% 안팎(변동금리, 3년제 대출 기준)으로 상대적으로 낮은 대출금리 혜택을 누릴 수 있지만,

반대로 변동금리의 특성상 향후 금리 변동에 따라 부담이 늘어날 수도 있다는 위험도 있습니다. 따라서 주택금융공사의 모기지론과 비교해 어떤 상품이 좋은지는 개별적인 상황에 맞춰 꼼꼼히 살펴봐야 합니다.

시중 은행의 대출 상품의 금리 및 관련 정보는 은행연합회 홈페이지(www.kfb.or.kr)에서 확인할 수 있습니다.

좋은 집을 고르는 방법 '아파트'

아파트는 우리나라의 대표적인 주거지입니다. 외국에서는 인기가 없는 아파트가 유독 우리나라에서 꾸준한 인기를 끄는 이유로는 '씨족', '향촌', '두레', '계' 등 공동체 생활에 익숙한 우리의 기본적 정서와 맞닿아 있기 때문이라는 주장도 있습니다. 공동 주거, 공동 방범의 형태의 대명사인 아파트야말로 '옹기종기 모여 사는 것'을 좋아하는 우리네 정서를 현대식으로 바꾼 대표적인 주거 방식이라 할 수 있습니다.

🐷 교통, 단지 규모, 학군이 중요하다

좋은 아파트 단지를 판단하는 요소로 교통, 단지 규모, 학군이 있습니다. 나머지 조건이 동일하다는 가정하에 일반적으로 교통이 편리할수록, 단지 규모가 클수록, 학군이 좋을수록 단지의 가치는 올라가기 마련입니다.

가장 먼저 교육 환경을 살펴보겠습니다. 허허벌판에서 아파트촌으로 변신한 서울 강남 일대, 목동·상계동 일대 아파트들은 모두 명문 학군이 갖춰진 후 아파트 가격이 급상승했다는 공통점을 갖고 있습니다. 요즘 잘나가는 송도국제도시도 국제학교·외국 대학 등의 입주가 인기를 끄는 결정적인 호재로 평가됐습니다. 동일 지역 내에서도 양호한 교육 환경을 가진 곳이 거래도 잘 되고 가격도 높게 형성됩니다. 비록 지금 당장은 다른 시설이 미흡하더라도 좋은 교육 시설이 들어설 계획이 있다면 좋은 투자 포인트가 될 수 있는 이유도 이 때문입니다.

교통 여건도 중요합니다. 주요 직장과 접근성을 의미하는 말인 '직주근접'이라는 단어가 있습니다. 서울을 포함한 수도권 소재 중·소형 주택에는 주로 도심으로 출퇴근하는 직장인들이 거주합니다. 주요 오피스들이 강남, 종로, 여의도 등 도심지에 밀집해 있기 때문에 주요 도심지로 출퇴근하기 편리한 교통망이 갖춰져 있는지, 특히 지하철 역세권에 위치해 있는지가 중요하죠. 그래서 교통 여건은 주택 가격을 결정하는 가장 큰 요인 중 하나입니다.

동일한 지역이라 해도 이왕이면 지하철이나 버스 노선이 잘 갖춰진 곳이 좋고, 역세권이라 하더라도 역의 형태나 노선, 환승역 유무에 따라 그 가치가 다릅니다. 특히 철도망은 교통 여건을 개선하는 가장 강력한 요소이기 때문에 향후 역세권이 될 만한 지역에 있는 아파트가 좋은 투자 대상 중 하나입니다.

요즘에는 단지 내나 주변에 대규모 공원이나 녹지 유무에 따라 집값이 수천만 원이나 달라지기도 합니다. 그래서 새로 짓는 아파트들이 단지 내 주차장을 지하에 짓고 지상에는 공원·조깅 코스를 만드는 등 조경에 많은 투자를 하고 있습니다. 단지 근처에 공원 등이 있는 아파트라면 시간이 갈수록 가치가 상승할 수 있으므로 주목할 필요가 있습니다.

동·호수에 따라 가격 차이가 커진다

동·호수도 가치를 판단하는 중요한 요소가 됩니다. 선호도에 따라 같은 아파트 단지 내에서도 동·호수에 따라 가격이 천차만별인 경우가 다반사이고, 심지어 최근에 지어진 일부 아파트는 동별, 층별로 다른 분양가를 책정하기도 합니다. 특히 최근 거주 가치를 중시하는 풍조가 커지면서 조망, 채광, 소음, 편의성 등 결정짓는 동·호수별 가격차는 점점 커지고 있는 추세입니다.

아파트 동·호수 고르기에서 가장 먼저 봐야 할 것이 층입니다. 분양을 받을 때와 매매할 때 선택 기준이 조금 다를 수 있습니다. 분양받을 때는 일반적으로 조망권 등을 많이 따지므로 중간층 이상부터 고층까지(최고층 제외)가 로열층으로 분류되고, 이런 층을 선택하는 것이 좋습니다. 하지만 기존 아파트를 매수할 때는 10층 이하의 중간층을 구매하는 것도 무방합니다. 실제로 살다 보면 여러모로 중간층의 이점이 부각되기 때문에 거래도 잘 되고, 매매로 구입할 때 로열층과 가격차가 존재하기 때문에 오히려 가성비는 더 좋을 수 있습니다.

아파트 고르기에서 간과하기 쉬운 포인트가 바로 동 선택입니다. 특히 대단지라면 어떤 동을 고르느냐가 매우 중요한데 최근 아파트 단지에서 가장 선호되는 동은 분수대 또는 연못, 녹지대가 있는 동입니다.

이왕이면 앞이 트인 동을 선택하는 것도 좋습니다. 사생활 침해, 일조권 문제 등에서 비교적 자유롭고, 특히 강이나 산 등을 볼 수 있는 입지라면 앞이 트인 동이 조망권 확보에도 유리합니다. 조망권의 가치는 갈수록 올라가고 있는 추세입니다.

단지 앞에 놀이터나 운동 시설이 있는 곳은 피하는 것이 좋습니다. 여름엔 늦은 저녁까지 문을 열어놓기 힘들 정도로 소음에 시달리는 경우도 많습니다.

라인도 확인해야 할 사안 중 하나입니다. 한 동의 라인이 2호나 6호 이상인 곳보다는 4호 라인 정도가 대체로 안정감을 주고 가격도 잘 형성됩니다. 전망이 크게 좋지 않다면 1, 4호 라인보다 2, 3호 라인이 안정감과 난방비 절감 효과로 선호도가 높습니다.

일반적으로 동향에 비해 남향이 좋지만, 최근 신축 아파트들의 경우 정남향, 정동향보다는 남서향, 남동향으로 배치되는 경우가 많습니다. 이런 단지의 경우 일반적으로 남동향을 선호하는 경향이 높습니다.

주차장도 놓치기 쉬운 체크포인트 중 하나입니다. 단지를 배치하다 보면 여러 동이 밀집해 있거나 건물에 비해 주차공간이 턱없이 부족할 수 있기 때문입니다. 같은 단지 내에서도 특정 동 주변으로 주차난이 심각한 경우가 있기 때문에 더더욱 유심히 확인해야 합니다.

부동산에서는 알 수 없는 정보를 파악하라

건축연도를 고려하면 좋습니다. 일반적으로 실거주가 목적이라면 건축된 지 얼마 되지 않은 1~5년 사이의 신축 아파트를 선호합니다. 신축 아파트는 사용 기간이 얼마 되지 않아 외부와 내부가 깨끗하고 구조가 좋기 때문에 거주 편의성 측면에서 장점이 많습니다. 또 이러한 장점으로 인해 프리미엄이 반영되어 높은 가치가 형성되고 거래도 잘 됩니다.

하지만 목적에 따라서는 완공 후 15~20년 이상 경과한 아파트를 선호하기도 합니다. 오래된 아파트는 신축 아파트에 비해 주변 상권 및 편의시설, 교육 여건 등 인프라가 잘 형성되어 있고, 입지 조건도 신축 아파트에 비해 좋은 편이기 때문입니다. 또 입지 조건이 좋다면 리모델링이나 재건축에 대한 기대치도 높아지기 때문에 높은 가격이 형성되고 거래도 잘 됩니다.

난방 방식도 아파트 가격에 영향을 미치는 요소 중의 하나입니다. 일반적으로 열병합, 도시가스, 중앙난방, 기름보일러 순으로 선호합니다. 열효율이 높고 편리한 방식일수록 선호도가 높은데, 열병합 방식이 다른 난방 방식에 비해 상대적으로 난방비도 적게 나오고 보일러 교체 등 관리 측면에서 장점이 많기 때문입니다.

단지 규모도 고려 사항 중 하나입니다. 많은 사람이 선호하는 브랜드 아파트나 대단지 아파트가 시세도 높게 형성되고 거래도 잘 되는데, 대단지 아파트일수록 공동주거라는 아파트의 특성상 공동 편의시설이나 커뮤니티도 잘 형성되고, 공동관리비 측면에서도 유리한 점이 많기 때문입니다.

계단식인지 복도식인지도 고려할 사항 중 하나입니다. 계단식 아파트는 옆집과 마주보는 형식을 말하고, 복도식 아파트는 복도를 따라 나란히 있는 형식을 말합니다. 복도식은 여러 사람들이 왔다 갔다 하고 계단식에 비해 실제 전용면적이 작으면서 상대적으로 더 춥기 때문에 많은 사람이 계단식을 더 선호합니다. 최근 신축 아파트나 주상복합아파트의 경우 계단식과 복도식을 혼합한 형태도 있으므로 참고할 필요가 있습니다.

층간 소음 역시 확인해야 합니다. 사실 이 부분은 사전에 체크하기 쉽지 않은 항목인데, 층간 소음을 감안하는 방법 중 하나는 건축연도를 확인하는 것입니다. 층간 소음 방지를 위한 건축법 신설에 따라 2014년 이후 신축된 아파트는 바닥시공 기준에 따라 일정 두께와 소음 성능이 충족되도록 지어졌기 때문입니다. 집을 확인할 때 가족들이 많이 모이는 저녁시간에 방문해보는 것도 좋은 방법입니다. 거실이나 방 한가운데서 뒤꿈치로 한두 번 찧어보았을 때 바닥의 울리거나 빈 것 같은 소리가 들린다면 층간 소음에 취약한 아파트일 수 있습니다.

마지막으로 단지 내 온라인 커뮤니티에 가입하는 것도 좋은 방법입니다. 단지에 거주하고 있는 주민들의 이야기를 유심히 살펴보면 부동산을 통해서는 알 수 없는 다양한 정보를 얻을 수 있습니다.

희소성 있는 저층에
주목하라

일반적으로 아파트 저층은 선호되지 않습니다. 소음이나 사생활 침해, 방범 문제 등 아파트란 거주 형태의 장점을 누릴 수 없다는 생각 때문입니다.

하지만 거꾸로 뒤집어 보면 저층 아파트는 장점도 많습니다. 가장 큰 장점은 어린 자녀가 있는 경우 층간 소음 문제에서 벗어날 수 있다는 점입니다. 단지 내 어린이집 운영을 하는 경우 대부분 1층인 이유도 층간 소음 문제 때문입니다. 더군다나 집 앞에 놀이터가 있으면 거주할 때는 단점이 크지만 어린이집을 운영할 때는 최상의 입지로 여겨집니다.

건설사들의 설계 혁신도 저층에 대한 인식을 변화시킨 계기로 꼽을 수 있습니다. 최근 새로 짓는 아파트들을 보면 저층부에 테라스 하우스를 도입하거나 텃밭을 제공하는 등 아파트가 아닌 전원주택에 거주하는 분위기를 연출하기도 합니다. 아파트라는 공동주거의 장점은 그대로 누리면서 전원주택의 장점까지 동시에 누리는 셈인데, 최근 주거 트렌드와 맞아떨어지면서 오히려 로열층보다 높은 프리미엄이 붙기도 합니다.

아파트의 첨단 보안시설 강화도 저층이 재조명되는 이유 중 하나입니다. 최근 건설되는 아파트의 경우 홈네트워크, 스마트방범시스템, 첨단 CCTV, 주차관제시스템 등 보안시스템이 한층 강화되고 있습니다. 그렇기 때문에 최신 아파트에서는 과거 저층 아파트에서 흔히 볼 수 있던 방범창은 찾아보기 힘듭니다.

최근에는 채광과 통풍의 단점을 개선하기 위한 필로티 공법이 자주 사용됩니다. 필로티 구조란 건물 전체나 일부를 기둥으로 들어 올려 지상에서 분리하는 건축 방법으로, 쉽게 말해 아파트 1층을 지면보다 높게 띄우는 방식을 말합니다.

저층 중에서도 이처럼 필로티가 있는 저층이라면 주목해볼 필요가 있습니다. 필로티가 있는 저층의 경우 엘리베이터 소음, 사생활 침해 등 저층의 단점은 보완하면서 층간 소음이 없다는 등의 장점은 그대로 누릴 수 있기 때문입니다. 최근에는 설계 방식에 따라 테라스가 있거나 정원이 꾸며진 필로티 구조도 있는데, 이 경우 오히려 고층보다 높은 프리미엄이 붙기도 합니다.

좋은 집을 고르는 방법
'빌라·다가구주택'

우리나라를 대표하는 주거 형태가 아파트라면 또 다른 한 축을 담당하는 것이 주택입니다. 주택은 형태에 따라 단독주택과 공동주택으로 구분되는데, 건축법상 단독주택이란 한 세대가 독립적으로 주거생활을 할 수 있는 형태를 말합니다. 반면 공동주택은 아파트처럼 한 동의 건물 안에서 각자 독립된 주거생활을 할 수 있는 구조로, 소유권이 각 호수별로 구분된 형태입니다.

공동주택은 또 다시 다세대주택과 다가구주택으로 나뉩니다. 일반적으로 다세대주택과 다가구주택은 각기 크고 작은 차이점과 공통점이 있어 혼동하기 쉬운데, 구분하기 쉬운 큰 특징 중 하나로 다세대주택은 각 세대별 등기를 별도로 하여 소유나 매매, 분양이 가능한 반면 다가구주택은 각 세대가 구획을 분리하여 소유하거나 매매, 분양이 불가능하다는 점입니다.

ⓦ 아파트보다 더 꼼꼼히 따져야 한다

대표적인 공동주택은 일명 연립, 다세대주택으로 불리는 '빌라'입니다. 빌라의 장점은 아파트나 단독주택에 비해 비교적 적은 금액으로 매입이 가능해 가성비가 높다는 점, 투자자 입장에서는 매매가와 임대가격의 차이가 크지 않아 초기 투자금이 높지 않다는 점 등입니다. 반면 환금성이 좋지 않고, 시세도 명확하게 형성되어 있지 않아 투자할 때 아파트에 비해 유의할 점이 훨씬 많습니다.

ⓦ 빌라 층수부터 살펴라

빌라는 건축법상 주택 층수가 4층 이하인 공동주택을 통칭합니다. 1층이 필로티 형태의 주차장으로 되어 있는 경우에는 5층이 최고층이 되기도 합니다. 그렇다면 빌라를 고를 때 왜 층수가 중요할까요?

첫 번째로 편의성 때문입니다. 최근 신축 빌라에는 엘리베이터가 설치된 곳도 종종 있지만, 여전히 빌라는 엘리베이터가 없는 곳이 대부분입니다. 건강을 생각해 일부러 높은 층을 선택하는 경우라면 모를까 고층 빌라는 실제로 생활해보면 불편한 점이 꽤 많습니다. 그렇기 때문에 아파트의 경우 고층이 로열층이지만 빌라의 경우에는 2층, 3층, 1층, 4층 순으로 선호되는 것이 일반적입니다.

🐷 층별로 점검해야 할 사안이 따로 있다

1층이 주차장으로 이루어진 필로티 구조인 경우 배수관이나 수도관이 외부로 노출되어 있는지 꼭 확인해야 합니다. 이런 구조는 여름에는 큰 문제가 없지만, 겨울에는 2층의 경우 동파 위험이 매우 높습니다. 특히 배수관이 얼어붙으면 싱크대나 화장실이 역류할 수 있기 때문에 2층은 피하는 것이 좋습니다.

반대로 꼭대기층이라면 비가 새는 곳이 없는지 천장에 곰팡이 자국은 없는지 벽면에 균열이 없는지 등을 꼼꼼히 살펴야 합니다. 특히 빌라 최상층이라면 천정뿐 아니라 벽의 균열을 통해 누수가 발생하는 경우도 있기 때문에 꼼꼼히 확인할 필요가 있습니다. 매매할 때 일일이 확인이 어렵다면 계약서에 누수 관련 특약을 넣어 입주 후 하자 발생 시 수리의 책임을 묻는 것도 해결책이 될 수 있습니다.

건축연도가 중요하다

빌라는 건축법의 영향을 많이 받기 때문에 언제 지어졌는지에 따라 집의 구조, 형태, 주차장 등이 달라집니다. 그래서 유사한 시기에 지어진 빌라는 구조적으로 비슷한 특징을 갖는데, 이러한 이유로 특정 연도에 지어진 빌라의 선호도가 높아져 상대적으로 높은 시세에 거래되는 기현상이 발생하기도 합니다.

예를 들어 최근 몇 년간 많이 지어진 도시형생활주택의 경우 주차 공간은 전용면적 120m^2당 차량 한 대 공간을 확보하면 되는데(상업지역과 준주거지역 기준), 이는 도시형생활주택 가구당 전용면적이 보통 20~30m^2인 것을 고려하면 5~6가구당 차량 한 대가 주차 가능하다는 의미입니다. 1인 가구도 차 한 대씩은 가지고 있는 요즘 사람들의 라이프스타일을 감안하면 이런 주택에 입주하면 주차 문제로 골머리를 앓을 가능성이 높습니다. 좀 더 이전으로 거슬러 올라가보면 주차장법이 1990년대에는 가구당 0.5대, 2002년에 들어서 가구당 한 대로 확대됐기 때문에 2002년 이전에 준공된 빌라들 역시 같은 문제가 발생할 확률이 큽니다.

불법건축물은 아닌지 살펴라

빌라 투자를 할 때 유의할 점 중 하나는 불법건축물 여부입니다. 빌라 고층의 경우 베란다를 새시 등으로 불법 확장한 빌라가 꽤 많습니다. 이 경우 엄연한 불법에 해당하기 때문에 불법건축물 여부를 반드시 살피고 구입해야 합니다.

불법건축물 여부를 확인하는 가장 쉬운 방법은 건축물대장을 확인하는 것입니다. 당장 적발되지 않았더라도 법적인 문제는 없는지 사전에 확인하는 것이 필수입니다. 만약 구청에서 실시하는 항공촬영 등으로 불법건축물이라는 게 적발되면 소유자는 이행강제금을 납부하거나 원상 복구해야 하므로 주의가 필요합니다.

팔 때를 고려하여 역세권에 주목하라

빌라를 매입하는 대표적인 수요자 중 하나가 세입자들입니다. 같은 지역의 아파트 전세 가격이면 빌라를 살 수 있기 때문에 전세난에 쫓긴 세입자들이 절박한 심정에서 빌라를 매입하는 경우가 많습니다.

하지만 빌라를 매입할 때는 환금성 문제를 반드시 고려해야 합니다. 아파트는 선호도가 높고 일정한 시세가 형성되어 있기 때문에 입지 조건이나 교통 여건 등이 다소 떨어져도 조금만 싸게 내놓으면 어떻게든 팔리긴 합니다. 하지만 수요가 없는 빌라는 아무리 싸게 내놓아도 매수자를 찾기 어려울 수 있습니다. 그렇기 때문에 빌라 투자를 고려한다면 수요자들의 선호도가 높은 지역, 즉 가격과 입지 경쟁력이 뛰어난 곳을 고르는 것이 아파트에 비해 훨씬 중요합니다. 그렇다면 어떤 입지의 빌라를 선택해야 할까요?

역세권 빌라 즉, 지하철에서 걸어서 5분 이내, 멀어도 10분 이내의 빌라를 선택하는 것이 좋습니다. 주변에 초등학교나 중·고등학교, 학원이 있으면 금상첨화입니다. 예를 들어 나중에 월세로 놓겠다고 가정하고 판단해보면 선택에 도움이 됩니다. 월세도 잘 나가는 지역이라면 주거에 대한 니즈가 매우 높은 지역이란 반증일 테고, 실제 매도가 안 되더라도 높은 가격에 세를 놓아 시간을 벌 수도 있기 때문에 여러 면에서 매우 유리합니다.

재개발을 기대하고 빌라 투자를 할 때 꼭 알아야 할 대지지분

'대지지분'이란 아파트 전체 단지의 대지면적을 가구수로 나눠 등기부에 표시되는 면적을 말합니다. 대지지분이 많다는 것은 용적률(전체 대지 면적에 대한 건물 연면적의 비율. 용적률이 높을수록 건축할 수 있는 건물 면적이 증가)이 낮아서 더 많은 아파트를 신축할 수 있다는 것을 의미합니다. 그래서 실거주하기 위해 빌라를 구매할 때는 큰 의미가 없지만, 재건축을 할 때 중요해지는 것이 바로 대지지분입니다. 재건축 · 재개발을 할 때 추가 분담금을 결정하는 바로미터가 바로 대지지분이기 때문입니다. 쉽게 말해 대지지분이 클수록 내 자산의 평가액이 높아지고 이에 따라 추가로 분담해야 할 분담금 규모는 줄어들게 됩니다.

그렇기 때문에 재건축을 예상하고 낡은 빌라를 구입한다면 대지지분이 어느 정도인지 꼭 확인하고 가급적이면 지분이 넓은 곳을 선택하는 것이 유리합니다. 물론 대지지분도 집값에 어느 정도 반영되지만 간혹 비슷한 조건의 빌라라도 유독 대지지분 비율이 높은 물건이 있으므로 이왕이면 이러한 물건을 선택하는 것이 좋습니다.

좋은 집을 고르는 방법
'단독주택'

최근 라이프스타일의 변화로 단독주택이 선호도가 높아지고 있습니다. 단독주택의 가장 큰 장점은 '자유로움'입니다. 실제로 '내 집 짓기'와 같은 커뮤니티가 활발히 운영되고 있고, 건축 시점부터 직접 집 짓기에 관여하는 이들도 상당히 많은데 이 경우 설계 및 구조부터 내 마음대로 결정할 수 있다는 장점이 있습니다.

획일적인 구조에서 벗어나 개인적인 공간을 확보할 수 있다는 점이야말로 단독주택의 최대 매력 중 하나입니다. 최근 사회 문제로 대두되고 있는 층간 소음에서 해방된다는 점도 매력적입니다. 특히 한창 뛰기 좋아하는 나이대의 어린 자녀가 있는데 아파트에서 산다면 늘상 '뛰지 말라, 조용히 하라'는 말을 달고 살게 마련입니다. 그런데 단독주택에 살면 맘껏 뛰어놀 수 있고, 심지어 아파트에서 할 수 없던 다양한 놀이도 할 수 있습니다.

정원이 있는 전원주택은 말할 것도 없고, 심지어 도심지라 하더라도 옥상을 테라스로 활용할 수 있기 때문에 '도시 농부'의 삶을 꿈꿀 수 있다는 것도 단독주택의 매력 중 하나입니다.

살아보고 결정하라

자유로운 삶을 꿈꾸며 단독주택 생활을 시작했다가 다시 아파트로 돌아오는 사례도 적지 않습니다. 처음에 가졌던 낭만과 눈앞에 보이는 현실이 상상했던 것과 많이 다르기 때문입니다. 그렇기 때문에 기존의 아파트에서 단독주택 생활로의 전환을 고려한다면 덜컥 매매나 직접 집 짓는 것을 시도하기보다 전세로 최소 2년 정도 직접 살아본 후 장점과 단점을 면밀히 판단하여 본인의 상황에 맞는 주택을 선택하는 것이 좋습니다.

입지가 중요하지 않은 집은 없다

단독주택이나 전원주택이라고 하면 자연환경만 고려하기 쉬운데, 단독주택 역시 가장 먼저 고려해야 할 것은 입지입니다. 무엇보다 출퇴근이 편해야 하는데 그래야 앞으로 매도할 때도 유리합니다. 별장 용도로 구입하는 사람이 아니고서야 출퇴근, 교육 여건 등은 누구에게나 중요한 요소입니다. 그래서 주거가 목적이라면 인프라가 잘 갖추어진 택지지구 내 단독주택 단지가 적절한 대안일 수 있습니다. 인프라가 잘 갖춰진 동탄, 광교, 김포 등 신도시나 택지지구에 조성된 단지형 단독주택의 경우 단독주택의 장점은 누리면서 아파트의 인프라까지 누릴 수 있어 인기도 많고 거래도 잘 됩니다. 특히 초보자라면 이런 곳을 우선순위로 염두에 두는 게 리스크를 줄일 수 있는 방법입니다.

주변 생활 인프라를 고려하라

전원의 여유로움도 좋지만 도심의 편리함도 누릴 수 있는 조건이면 더 좋습니다. 강, 산, 공원, 호수 등 에코 프리미엄이야말로 전원주택의 가장 큰 매력이지만 너무 외져서 생활 인프라가 열악한 입지는 오히려 좋지 않을 수 있습니다. 특히 병원 같은 필수 편의시설이 너무 동떨어져 있으면 여러모로 불편할 수 있어 피하는 것이 좋습니다. 일상생활에 꼭 필요한 문화시설이나 유통시설, 의료시설, 유흥시설 등 도시기반시설이 잘 갖춰져 있어 생활하기 편리한지도 꼭 따져봐야 합니다.

어린 자녀를 둔 30~40대라면 학군이 잘 형성돼 있는지도 꼭 고려해야 합니다. 일반적으로 초등학교의 통학 거리는 도보 15분, 중·고등학교는 도보 30분 이내가 적당합니다.

방범 문제를 고려하라

아파트와 비교해 단독주택은 구조상 방범 등 안전 측면에서 열악할 수밖에 없습니다. 특히 요즘처럼 첨단방범시스템이 적용된 신축 아파트들과 비교하면 불안감은 더 커질 수밖에 없습니다. 아파트와 같은 첨단방범시스템을 적용하기엔 비용 부담이 크거니와 여럿이 모여 사는 공동주거에 비해 나 홀로 사는 주거 방식 형태가 주는 심리적 불안감도 무시할 수 없습니다.

치안 문제는 방범 방법 측면도 있지만 지역적 영향을 가장 많이 받으므로 주거 지역을 선정할 때는 치안 문제가 적은 지역을 선택하는 것도 중요합니다.

대로변인지 확인하라

1층에 상가가 있는 상가형복합주택이라면 임대수익 면에서 대로변이 유리합니다. 하지만 순수 주거 목적이라면 대로변보다는 이면도로 쪽이 적합합니다. 집이 대로변에 있으면 입지적 장점은 있지만 쾌적성 문제나 사생활 침해 문제가 발생할 수 있기 때문입니다. 그렇다고 무턱대고 골목길 끝에 집을 고르기보다 대로변과 한 블록 정도 떨어진 집을 선택하는 것이 무난합니다.

관리 문제를 고려하라

단독주택은 아파트보다 난방이나 보안시스템이 취약해 관리 비용이 많이 듭니다. 하지만 첨단단열시스템, 지열 난방과 태양열 난방을 이용해 관리비를 절감할 수 있기 때문에 건축할 때 꼼꼼히 알아보고 설계 단계에서 적용하는 것이 좋습니다. 특히 요즘은 지자체에서 단독주택 태양광·태양열 발전 설비 설치비를 지원하는 제도 등이 있는데 이를 활용하면 초기 투자 비용이 많이 안 들면서 오히려 아파트보다 관리비가 저렴할 수 있습니다.

절세와 탈세의
차이점

'세테크'라는 말이 유행입니다. 저금리, 저성장 시대이다 보니 세금 줄이는 것이 웬만한 재테크 효과보다 낫기 때문입니다. 그래서인지 '절세'라는 명목하에 각종 불법적 '탈세'를 악용하는 사례도 많습니다. 문제는 그것이 절세인지 탈세인지도 제대로 알지 못한 채 묻지도 따지지도 않고 행해진다는 것입니다.

절세와 탈세 모두 납세자가 세금 부담을 줄인다는 점에서는 같지만, 그 방법이 법이 허용하는 범위 내에 있느냐 아니냐에 큰 차이가 있습니다. 세법을 충분히 이해하고 법 테두리 안에서 세금을 줄일 수 있는 방법은 절세이지만, 고의로 사실을 왜곡하고 불법적인 방법을 동원해 세금 부담을 줄이는 행위는 탈세입니다. 특히 사후에라도 적발되면 과태료는 물론 형사처벌까지 받을 수 있으므로 주의가 필요합니다.

◎ 나도 모르는 사이에 탈세할 수 있다

탈세를 저지르게 되는 가장 큰 원인은 '남들이 하니까'입니다. 특히 부동산 거래를 할 때는 세금이 많이 발생하는데, 대표적인 사례 중 하나가 다운계약서(또는 업계약서)를 쓰는 것입니다. 허위 계약서를 작성하는 것과 실제보다 비용을 부풀리거나 줄여서 처리하는 비용 과대·과소 신고는 대표적인 탈세 유형으로, 거래 당사자가 요구하거나 중개인의 조언에 의해 관행적으로 이루어지는 경우도 많습니다. 이러한 거래가 이루어지는 주된 이유는 돈입니다. 예를 들어 1세대 1주택 비과세 요건을 충족한 양도자와 다주택자인 양수자가 거래할 때 양도자는 세부담이 없으므로 업계약서를 작성해주고, 양수자는 향후 해당 부동산 양도 시 거래차액을 적게 신고할 수 있어 세금을 절약할 수 있습니다. 반대로 양도세 부담이 있는 다주택자가 비과세 요건을 충족하는 양수자에게 매도할 때 다운계약서 작성을 요구할 수 있겠죠. 이 경우 허위 계약서를 요구한 사람만 처벌받는 것이 아니라 실거주 목적의 취득자 역시 공모자로 처벌받을 수 있습니다.

이 외에 계약일자 등을 허위로 신고하거나 미신고하는 것 역시 불법에 해당합니다. 증여나 상속을 매매 거래로 속이는 행위도 종종 있는데 이 역시 대표적인 탈세 행위입니다.

● 거짓 계약서를 작성하면 받게 되는 불이익은?

우선 양도자가 양도차익을 신고하지 않거나 과소 신고하는 경우, 해당 납부세액의 최고 40%에 해당하는 신고불성실가산세는 물론 일 0.03%(연 10.95%)에 해당하는 납부불성실가산세가 부과될 수 있습니다. 특히 거짓 계약서를 작성하여 양도소득세를 신고하지 않거나 과소 신고한 경우 '사기죄'에 해당하여 40%의 신고불성실가산세가 부과됩니다. 부동산 매매 거래 당사자가 매매계약서의 거래가액을 사실과 다르게 작성한 경우 매도인이 비과세 요건을 충족했다면 비과세 혜택이 취소될 수도 있습니다(소득세법 91조 2항, 조세특례제한법 192조 1항에 근거).

예를 들어 매노인이 1세대 1주택 등의 비과세 요건을 충족하여 원래 내야 할 양도세가 없었더라도, 매수인의 권유에 넘어가 다운계약서나 업계약서를 작성했다면 양도세 비과세 감면 규정을 적용받지 못하고 양도세가 추징될 수 있다는 얘기입니다. 만약 양도차익이 1억 원이고, 1년 후 허위계약으로 적발됐다고 하면 40%에 해당하는 4,000만 원의 신고불성실가산세는 물론 1,095만 원(0.03%×365일)의 납부불성실가산세까지 내야 하므로 아무 생각 없이 상대방의 허위 계약서 요구에 응하면 절대 안 됩니다.

5장

일찍 할수록
여유로운
노후 준비

생각보다 긴,
은퇴 이후의 시간

죽지 않고 영원히 살 수 있다면 얼마나 좋을까요? 단 한 번 뿐이라는 의미의 '일생一生'을 살아가는 인간이라면 누구나 꿈꾸는 일이 아닐까 싶습니다. 제가 '죽음'을 현실에서 접한 첫 번째 사건은 할아버지의 죽음이었습니다. 공교롭게도 친조부, 외조부 두 분 모두 환갑 즈음으로 돌아가셨는데 당시만 해도 일찍 돌아가셨다는 분위기는 아니었던 것 같습니다. 요즘에는 '인생은 60부터'라는 말이 당연시되지만 그 당시 우리나라 남성의 평균수명 통계를 찾아보니 67세에 불과했더군요. 대한민국 남성의 절반 이상이 70세를 넘기지 못하고 사망했다는 얘기인데, 이는 불과 30년 전의 진풍경입니다.

오래 사는 것보다 잘사는 게 중요하다

인간의 수명은 100세 시대를 넘볼 정도로 빠르게 늘고 있습니다. 실제로 통계청이 2~3년마다 발표하는 '생명표'에 의하면 2015년 기준 한국인의 평균수명은 82.1세(남자 79세, 여자 85.2세)입니다. 또 통계청에서 발표하는 '생명표'는 최근 3년간의 연령대별 사망률과 사망 원인 등을 분석해 현재와 같은 경향이 계속된다는 가정하에 얼마나 더 살 수 있는지를 추정하는데, 흥미로운 것은 미래의 기대수명 변화 예측치입니다. 현재의 추세대로라면 2030년에 여성은 86.3세, 2050년에는 무려 88.9세에 이를 것으로 전망하고 있습니다.

'기대여명'이란 특정 연령에 도달한 사람이 앞으로 몇 년을 더 살 수 있을지 계산한 생존 연수입니다. 마찬가지로 통계청 자료에 의하면 현재 60세가 된 사람의 평균 기대여명은 24.7년(84.7세)으로 남성은 22.2년(82.2세), 여성의 경우 27년(87세)에 달하는 것으로 나타났습니다.

이처럼 평균수명이 늘어 '100세 시대'를 향해 가다 보니 자연스럽게 건강하게 살자는 의미로 '웰빙Well-being', 건강하게 늙자는 의미로 '웰에이징Well-aging', 심지어 아름답게 삶을 마감하자는 의미의 '웰다잉Well-dying'이란 신조어까지 생겨났습니다. 이러한 신조어들과 관련 깊은 단어가 '건강수명'입니다.

건강수명이란 단순히 오래 사는 것 자체에 의미를 두는 것이 아니라 양量보다 질質을 더 중요하게 나타내는 지표로서, 평균수명이란 단어와 구분하여 사용합니다. 다시 말해 건강수명이란 단순히 얼마나 오래 사느냐가 아니라 질병이나 장애 등의 어려움 없이 건강하게 사는 기간을 의미합니다. 2015년 우리나라 건강수명의 평균은 73.2세입니다. 70세도 적은 나이는 아니지만 평균 기대수명이 82.1세이니 대략 9년 가까운 시간은 병원 신세를 지면서 살아야 한다는 이야깁니다. 조금만 생각해봐도 평균 9년이란 시간은 결코 짧은 기간이 아님을 알 수 있습니다.

노후 준비가 어려운 이유

최근 통계청 조사 결과에 따르면 은퇴하지 않은 가구 가운데 절반 이상이 노후에 대한 준비가 제대로 되어 있지 않다고 답했습니다. 또 이미 은퇴한 가구 열 중 여섯은 생활비가 부족하다고 했으며, 생활비는 주로 가족의 수입 및 가족·친지 등의 용돈, 공적연금, 공적수혜금(저소득가구 지원금 등)으로 마련한다고 답했습니다. 심지어 은퇴 가구 중에서 생활비 충당 정도가 '여유 있다'고 응답한 비율은 단 6.6%에 불과했습니다. 더 충격적인 사실은 우리나라 가구 대부분이 자신의 노후 상황에 대해 상당히 비관적으로 생각하고 있으며, 아직 은퇴 전인 사람들은 노후에 대한 염려 때문에 은퇴 시점을 최대한 늦추길 원한다고 합니다. 하지만 이 역시 희망사항일 뿐입니다. 결론적으로 현재 우리나라의 은퇴 준비 수준을 평가하자면 '매우 심각하다'고 할 수 있습니다. 그렇다면 노후 준비가 잘 되지 않는 진짜 이유는 무엇일까요?

노후 준비를 거부하는 우리의 뇌

나이와 성별을 불문하고 "노후 대비가 중요하다고 생각하느냐?"라고 물으면 "중요하다"고 답합니다. 하지만 20대 청년들에게 "은퇴 후를 대비해 저축을 하고 있느냐"고 질문하면 어떤 답이 돌아올까요? 백이면 백 "당장 먹고살기도 바쁜데…" 혹은 "취업도 못했는데" 또는 "당신 같으면 30~40년 후를 대비하고 있겠느냐?"고 반문할 것입니다. 30대에게 물으면 조금 나아지겠지만, 여전히 다수가 비슷한 반응을 보일 것입니다. 반면 40~50대가 될수록 전혀 다른 반응을 보입니다.

왜 이런 결과가 나타날까요? '미래의 나'와 '현재의 나'를 동떨어진 다른 사람으로 생각하여 노후 준비를 미루기 때문이라고 합니다. 이런 현상의 원인을 뇌과학자의 말을 빌려 설명하면 전적으로 '뇌' 탓이라고 합니다. 인간의 뇌는 미래가 온통 불확실성과 위험으로 가득 찼던 원시시대를 거치며 진화해왔기 때문에, 먼 미래에 일어날 일

214

에 마음 쓰기보다는 현재에 치우쳐 의사결정을 하도록 진화되어 왔다는 것이 그들의 주장입니다.

2011년 〈파이낸셜타임즈〉가 올해의 비즈니스 서적으로 선정한 《의도적 눈감기》의 저자 마거릿 헤퍼넌Margaret Heffernan은 "사람의 뇌는 자신의 생명과 안전을 지키기 위해 반드시 알아야 할 내용이라도 그것이 불편한 진실이라면 고의로 눈을 감아버린다"고 주장했습니다. 그녀의 연구 결과에 따르면 무게 1,500g의 단백질 조직인 사람의 뇌는 1,000억 개의 신경세포가 온갖 정보를 처리하며 판단하고 기억하는 곳이지만 모든 정보를 공평하게 대하는 것은 아니라고 합니다. 자신의 고정관념에 맞는 정보는 선뜻 수용하는 반면 자신의 생명과 재산을 지키기 위해 꼭 필요한 일이라고 할지라도, 이를 위해 당장 눈앞에 달콤한 유혹을 참고 불편함을 견뎌야 한다면 나중에 하자고 애써 외면한다는 것입니다.

은퇴에 대한 두려움을 버려라

은퇴에 관한 부정적 정서도 은퇴 준비를 가로막는 데 한몫하고 있습니다. 우리나라에서는 은퇴를 부정적으로 인식합니다. 아마도 급속한 경제 성장을 겪으면서 경제활동을 하지 않는다는 것은 사회에서 쓸모없어지는 것이라는 인식이 뿌리 깊이 자리 잡게 됐고, '은퇴=경제력 상실'이라고 인식하기 때문인 것 같습니다.

각종 금융사에서 펼치는 공포 마케팅도 이러한 심리를 부채질하는 원인 중 하나입니다. 은퇴라고 하면 축복, 새로운 시작, 여유로움 등의 긍정적인 느낌보다는 빈곤, 건강 문제 등 부정적인 느낌을 더 강하게 인식하게 해서 조바심을 유도합니다.

은퇴라는 단어에 대해 부정적 감정을 갖는 주된 이유로 노후 준비가 충분치 않은 탓도 큽니다. 대부분의 노후 관련 설문 조사에서 노후가 걱정되느냐는 질문에 "그렇다"고 응답하는 비율이 90%가 넘는 반면 노후 준비를 했느냐는 질문에는 70% 가까이 "그렇지 못하다"고 답했다고 합니다. 부지불식간에 은퇴 문제를 외면한 결과입니다.

노후에 대해 자주 상상하는 사람이 노후 준비를 잘한다

뉴욕대학교의 사회심리학자 할 허시필드Hal Hershfield 교수는 노후대비 저축을 방해하는 원인을 밝히기 위해 여러 가지 실험을 진행했습니다. 한 실험에서 실험 참가자들에게 가상현실을 통해 자신의 아바타를 보여 주고 짧은 인터뷰를 했습니다. 실험의 조건은 이랬습니다.

A실험군은 자신의 모습과 똑같은 아바타를, B실험군은 자신이 늙었을 때 모습의 아바타를 보여주었고 나머지 조건은 동일했습니다. 이렇게 양쪽 그룹에게 자신의 모습을 보여준 다음, 연구자들은 양쪽 그룹 모두에게 예기치 않게 1,000달러가 생기면 그 돈을 다음의 네 가지 자산에 얼마씩 배분하겠느냐고 물었습니다.

① 특별한 사람에게 멋진 선물을 하는 데 쓴다.

② 노후 대비용 계좌에 저축한다.

③ 즐겁고 떠들썩한 행사를 계획한다.

④ 당좌 계좌에 넣어둔다.

실험 결과 현재 자신의 모습을 본 사람들은 노후 대비용 계좌에 평균적으로 80달러를 저축한 반면, 미래의 자신을 본 사람들은 그 두 배에 해당하는 172달러를 저축했다고 합니다. 이 실험을 통해 허시필드 교수는 "노후 대비 저축을 많이 하게 하려면 그 사람이 늙었을 때의 모습을 보여주면 된다"고 주장하기도 했습니다.

실험의 객관성은 차치하더라도 '현재의 나'와 '미래의 나'를 온전히 인식하는 것만으로도 심리적 효과가 있는 것은 분명해 보입니다. '지피지기 백전백승'이라는 말이 있습니다. 본격적인 노후 준비를 시작하기에 앞서 가장 먼저 할 일은 현재 나의 상황과 미래 나의 상황을 제대로 파악하는 것 아닐까요.

노후 준비,
늦었다고 생각할 때가
가장 빠르다

'희망수명'이라는 말이 있습니다. 평균수명이나 기대수명이 사실에 기반한 통계라면 '희망수명'은 말 그대로 자신이 살고 싶은 주관적인 수명을 일컫는 말입니다. 국민건강인식조사 결과에 따르면 한국인의 희망수명은 평균수명보다 약 1.9년 높다고 합니다. 성별로 나눠본 결과가 특히 흥미로운데, 남성의 경우 83.3세로 희망수명이 기대수명보다 4.8세나 높은 반면, 여성은 82.6세로 기대수명보다 오히려 2.4세가 낮은 것으로 나타났습니다. 남성은 실제보다 더 오래 살고 싶어 하는 반면 여성은 실제보다 더 오래 산다는 얘기입니다.

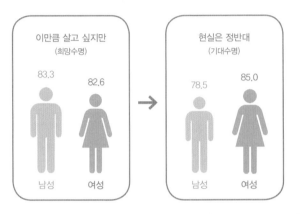

이만큼 살고 싶지만
(희망수명)

83.3

82.6

현실은 정반대
(기대수명)

78.5

85.0

남성   여성

남성   여성

(단위: 세, 출처: 한국건강증진개발원, 통계청, 2013년 기준)

통계청 자료에 의하면 85세 이상 인구의 71%가 여성입니다. 평균 수명 또한 남성에 비해 7세 정도 높습니다. 반면 여성의 경제 환경은 남성에 비해 여전히 열악한 것이 현실입니다. 주변에서 생활이 어려운 할아버지보다 할머니를 더 많이 목격하는 것은 결코 우연이 아닙니다.

남편보다 10년 더 살아야 하는 여성들의 노후

우리나라 여성이 남성보다 6~7년 정도 더 오래 사는 것은 이미 잘 알려진 사실입니다. 요즘엔 연상연하 커플이 대세라고도 하지만 우리나라 부부의 평균은 여성이 2~3살 정도 연하인 경우가 대부분입니다. 이렇게 본다면 아내는 남편보다 평균 10년 정도 더 살아야 한다는 결론에 도달합니다.

평균적인 라이프사이클로 봐도 남편들은 그나마 아내의 간병을 받다가 사망하게 될 확률이 크지만 여성은 막상 병간호를 해줄 배우자조차 없을 가능성이 큽니다. 배우자나 자녀가 없는 비혼 여성의 경우는 더 심각하죠.

기혼 여성이든 비혼 여성이든 젊고 경제활동을 활발히 할 때는 별다른 문제를 느끼기 어렵습니다. 하지만 나이가 들어가면서 자신을 부양해줄 사람이 없다는 사실을 깨닫게 되면 상황은 180도 달라집니다. 실제로 65세 이상 한국 여성들의 빈곤율은 47%로, OECD 30개 국가 중 가장 높다고 알려져 있는데, 이는 같은 나이대 남성 빈곤율보다 훨씬 높은 수치입니다.

여러 가지 환경적 요인을 감안했을 때 여성들이야말로 자신만의 독립적인 자금 설계가 반드시 필요한 상황이지만, 여성들의 노후 준비 환경은 여전히 열악한 것이 현실입니다. 우리나라의 대표적 노후 복지 제도인 국민연금 현황만 봐도 알 수 있는데, 2016년 기준 노령연금 수령자 중 여성의 비중은 26%로 남성의 3분의 1수준에 불과합니다. 우리나라 여성의 고용률도 2015년 기준으로 50%가 채 되지 않습니다. 취업을 하지 않아도 국민연금에 가입할 수 있긴 하지만 의무 가입 대상이 아니다 보니 가입률은 떨어질 수밖에 없습니다.

여성의 노후를 책임져줄 수 있는 개인연금 사정도 국민연금과 크게 다르지 않습니다. 정부는 개인연금 가입을 활성화시키기 위해 개인연금 가입자에게 소득공제 등 다양한 세제 혜택을 제공해왔습니다. 그래서 우리나라 개인연금 제도 역시 세제 혜택을 위한 재테크 수단으로 자리 잡아왔던 경향이 강했습니다. 이는 결국 세제 혜택을 위해 경제활동을 하고 있는 남편 명의로 연금저축을 가입하는 행태를 낳았고, 정작 노후 혜택이 절실한 전업주부들은 여기에서도 소외될 수밖에 없었습니다.

아름다운 노후를 꿈꾸지 않는 사람은 없겠지만 아무런 준비도, 조건도 없이 아름다운 노후가 자연적으로 이루어지리라 생각하는 것은 착각입니다. 준비는 빠를수록 좋습니다. 이런 말을 들으면 누군가는 노후 준비를 하기에 너무 늦었다고 생각할지도 모르고, 실제로도 조금 늦었을 수도 있습니다. 하지만 적어도 아예 시작하지 않는 것보다 늦은 것이 훨씬 낫다는 사실은 변함없습니다. 누구나 항상 진리라고 생각하는 말이 그래서 있죠. "늦었다고 생각할 때가 가장 빠르다."

행복한 노후의
필수 조건

우리는 모두 은퇴 이후에 우울하고 힘겹게 사는 것이 아닌 여유롭고 긍정적으로 살기를 바랍니다. 제가 아는 한 노부부는 요즘 여행에 빠져 틈만 나면 세계 방방곡곡을 돌아다니느라 눈코 뜰 새 없이 바쁜 나날을 보내고 있습니다. 얼마 전부터는 골프도 배우기 시작했습니다. 이 부부의 꿈은 여든이 되기 전에 세계 일주를 하는 것이라고 합니다. 젊은 시절에 안 해본 고생이 없는 분들인데, 나이가 들고 경제적인 여유가 생기고 나니 이제는 여생을 즐기고 싶은 생각이 들어 운영하던 가게도 자식들에게 넘겨주었다고 합니다. 이 노부부의 유일한 걱정은 남편의 건강입니다. 남편의 심장이 좋지 않아 정기적

223

으로 주치의에게 관리를 받는다고 합니다.

다른 한 분은 다섯 자녀의 뒷바라지에 평생을 바쳤습니다. 남편과는 사별했고, 몇 년 전부터는 고혈압까지 앓으면서 치료비도 만만치 않게 들고 있습니다. 별다른 소득이 없던 그녀는 장기간 자녀들에게 치료비를 의지하고 있는데, 자식들에게 매번 손을 내미는 것이 여간 힘든 일이 아니라고 합니다. 그래서인지 '나이 들고 병들면 빨리 죽어야 하는데…'라는 말을 입에 달고 삽니다.

제가 만난 분들 중에는 행복한 노년을 보내는 분들도 있고, 불행한 노후를 보내는 분들도 있었습니다. 저는 이들의 삶을 오랜 시간 자세히 관찰한 결과 두 가지 큰 차이점이 존재한다는 것을 발견했습니다.

건강하지 않으면 모든 기반이 무너질 수 있다

행복한 은퇴 준비의 필요조건은 무엇일까요? 은퇴 준비라고 하면 일반적으로 '경제력'을 떠올리기 쉽지만 첫 번째 필요조건은 바로 건강입니다.

돈, 여가, 친구, 일… 모두 행복한 노후를 위해 필요한 것이지만 '건강'이 수반되지 않으면 엄두조차 낼 수 없는 것들입니다. 그래서 저는 행복한 노후 준비의 필수 요소가 바로 '건강관리'라고 생각합니다.

사실 건강은 은퇴 이후의 삶뿐만 아니라 행복한 삶을 누리기 위한 필수조건이기도 합니다. 일을 하든, 여행을 가든, 하물며 친구를 만나서 수다를 떨려고 해도 건강해야 할 수 있습니다. 하지만 대부분의 사람은 건강의 소중함을 잘 알지 못합니다.

가장 좋은 건강관리의 방법은 현재의 건강을 유지하는 것입니다. 마치 저축처럼 젊은 시절부터 미리미리 준비하는 것이죠. 규칙적인 운동과 자기관리를 통해 활동성을 높이려는 노력을 꾸준히 해야만 체력과 건강을 유지할 수 있습니다.

건강을 돌보지 않는 사람에게 "몸에 좋지 않으니 하지 마라"고 하면 열에 아홉은 "이 험한 세상 뭐 하러 이것저것 가리며 사느냐, 그냥 실컷 즐기다가 죽으면 되지"라는 식의 답이 돌아옵니다. 하지만 원하는 만큼 살다가 죽고 싶을 때 죽을 수도 없는 게 인생입니다. 꾸준히 건강관리해온 사람은 건강한 노후를 맞이할 확률이 크지만, 젊은 시절에 방탕하고 무절제한 생활을 해온 사람은 노년에 만성질환을 피할 수 없습니다.

건강관리의 차선책은 사후 관리입니다. 이는 의료비와 직결됩니다. 예방이 가장 중요하지만 예방만으로 100% 장담할 수 없는 것 또한 건강입니다. 아무리 건강관리를 잘해도 '만약'이라는 상황에 대비해야 합니다. 다행히도 요즘은 의료 기술 발달로 웬만해서 못 고치는 병이 없고, 특히 의료 서비스의 발달로 조기 진단과 치료가 가능해졌습니다. 문제는 돈입니다.

건강을 잃고 노후를 맞이한다면 노후 생활 자체가 악몽이 될 수도

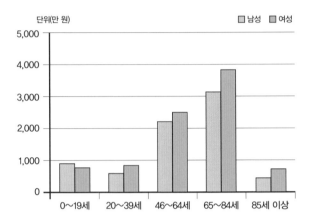

있습니다. 본인의 고통이야 말할 것도 없고, 옆에서 병수발하며 지내야 하는 가족의 고통도 이루 말할 수 없을 것입니다. 특히 노후 질병은 쉽게 회복되는 질병이라기보다 만성질환인 경우가 많아, 수년간 병원 치료를 받아야 한다면 엄청난 치료비 부담으로 경제적 기반까지 송두리째 빼앗길 수 있습니다.

은퇴 이후 필요한 노후 자금

강연 등을 통해 은퇴를 앞둔 분들께 "노후를 어떻게 보내실 계획이세요?"라고 물으면 대부분 "고향에 내려가 텃밭을 일구며 그동안 하지 못했던 일들을 하며 보낼 거예요", "그동안 하지 못했던 여행을 실컷할 생각이에요", "취미생활이나 새로운 공부를 시작해볼 거예요"와 같은 희망적이고 긍정적인 답변이 돌아옵니다. 지긋지긋한 도시생활에서 벗어나 조용하고 평화로운 시간을 보내면서 노후를 보내는 모습은 상상만으로도 즐겁고 행복한 풍경입니다. 그런데 여기서 한발 나아가 "꿈꾸는 노후를 위해 어떤 준비를 하고 계신가요?"라는 질문을 하면 대부분의 사람들 표정이 굳어집니다.

누구나 아름다운 노후 생활을 꿈꾸지만 아무나 누릴 수 있는 호사는 아닌 듯합니다. 건강하게 오래 사는 것은 축복이지만, 평균 수명이 늘어나면 그에 따른 비용도 발생합니다. 그렇다면 도대체 무엇이 얼마나 필요할까요?

최근 한 채용정보사이트에서 40세 이상 중장년층을 대상으로 은퇴 이후 필요한 노후자금을 물었더니 '월평균 279만 원' 정도가 필요하다는 답변이 돌아왔습니다. 응답자의 평균 최종 연봉은 6,490만 원(월 540만 원) 수준으로 은퇴 후에도 최종 연봉의 최소 절반 정도는 필요하다는 뜻입니다.

은퇴 후 20년 동안 월 279만 원이 필요하다고 계산해보면 현재 가치로 7억 원 가까운 돈이 필요하다는 계산이 나옵니다. 문제는 의료비는 별도라는 점입니다. 한국보건사회연구원 자료에 의하면 1인당 평생 필요한 의료비는 총 8,000만 원에 이르는 것으로 나타났습니다. 이 중 절반 이상이 65세 이후에 지출되는데, 따져보면 노후 부

부 한 가정 당 약 1억 원에 가까운 의료비가 추가로 필요하다는 뜻입
니다.

미리 준비해야 할 은퇴자산
'국민연금'

월급을 받으면 저축도 하고, 연금도 들고, 보험금도 납부하면서 노후는 계속 불안하다고 합니다. 왜일까요? 내가 지금 가지고 있는 게 무엇인지 잘 모르기 때문입니다.

고령화가 급속히 진행되면서 최근 재테크의 화두는 은퇴 자산입니다. 그렇기에 본격적인 노후 준비를 위해 노후 보장 체계의 기본이 되는 몇 가지 자산에 대해 알아둘 필요가 있습니다. 사실 이는 우리나라만의 문제는 아니고 전 세계적인 관심거리입니다. 이를 위한 대비책으로 복지 측면에서 '3층 보장 체계'라는 나름의 제도를 만들어 운영하고 있는데, 그 첫 번째가 바로 국가연금제도입니다. 우리나라에

[노후 보장을 위한 3층 보장 체계]

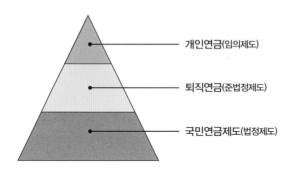

개인연금(임의제도)

퇴직연금(준법정제도)

국민연금제도(법정제도)

도 국민연금이라 불리는 대표적인 국가연금제도가 존재합니다. 하지만 국민연금에 대해 제대로 아는 이들은 생각보다 많지 않습니다.

국민연금에 대한 오해

국민연금에 대한 이미지는 그리 호의적이지 않은 듯합니다. 그래서 오해와 편견도 심각한데 '국민연금은 얼마 가지 않아 고갈될 것이다', '받더라도 푼돈 수준일 것이다', '수익률이 형편없다'는 것이 대표적인 주장입니다.

물론 국민연금이 태생적·구조적으로 많은 문제점을 안고 있다는 점은 부인할 수 없습니다. 하지만 자세히 살펴보면 국민연금이 나쁘기만 한 제도는 아닙니다. 오히려 저소득층일수록 꼭 필요한 노후 준

230

비 수단입니다. 게다가 국민연금은 의무 보험으로 법적 강제성을 띠고 있기 때문에 불법을 저지르지 않는 한 피할 수 없다는 사실도 인정해야 합니다. 오히려 이를 제대로 알고 잘 활용하는 '솔로몬의 지혜'가 필요합니다.

직장을 다니지 않아도 누구나 가입할 수 있다

국민연금의 대상은 누구일까요? 이는 가입 유형에 따라 사업장가입자(근로자), 지역가입자, 임의가입자로 구분됩니다. 납입보험료는 가입자 자격 취득 시의 신고 또는 정기적으로 결정되는 기준소득액에 일정한 보험료율을 곱하여 산정합니다.

국민연금보험료 = 가입자의 기준소득월액 × 연금보험료율

국민연금은 기본적으로 소득 활동을 하는 직장인이나 자영업자들을 위해 만든 연금 제도지만 일반 국민에게도 가입의 기회를 열어두고 있습니다. 이를 임의가입이라고 하는데, 국민연금의 소득 재분배 기능을 활용하여 국민연금을 노후 재테크 수단으로 활용할 수도 있습니다.

의무 가입 대상자인 사업장가입자나 지역가입자와 달리 임의가입자는 말 그대로 임의로 가입하는 사람들을 말하는 것으로, 이렇다 할 소득이 없는 전업주부의 경우가 대표적인 수혜 대상이 될 수 있습니다. 실제 작년 기준 국민연금 임의가입자의 수는 20만 명이 훨씬 넘는 것으로 집계되고 있습니다.

임의가입은 국민연금공단홈페이지(http://www.nps.or.kr)의 [민원신청]→[개인민원]→[신고/신청]→[임의(희망) 가입·탈퇴]를 통해 가능합니다.

[국민연금공단홈페이지]

국민연금과 일반연금의 차이점

국민연금의 혜택에 대해 이해하려면 개인적으로 가입하는 일반(사적)연금과 국민연금의 차이점에 대해 이해할 필요가 있습니다.

일반연금과 국민연금의 첫 번째 차이점은 바로 연금액의 실질 가치 보장입니다. 쉽게 말해 물가가 올라도 현재 기준의 연금액 실질 가치를 보장해준다는 의미입니다. 일반연금은 가입할 때 약정한 금액만을 일정하게 지급하는 것이 일반적입니다.

두 번째 차이점은 기본적인 연금소득의 보장 기능입니다. 국민연금은 기본적으로 가입자가 사망하거나 소득 능력을 상실하면 유족연금이나 장애연금을 지급하는 등의 제도를 운영합니다. 일종의 보험과 같은 특성을 가지는 셈입니다. 또 가입자가 이런저런 이유로 큰 빚을 지더라도 수급권자에게 지급된 120만 원 이하의 금액에 대해서는 압류할 수 없도록 하고 있습니다. 이 역시 수급권자의 기본적인 생활을 보장하기 위함입니다.

세 번째 차이점은 소득의 재분배 기능입니다. 일반연금은 많이 내면 많이 받고 적게 내면 적게 받습니다. 국민연금 역시 기본 원리는 변함없지만, 상대적으로 소득이 낮을수록 납입 보험료 대비 높은 연금 지급률을 적용받습니다. 예를 들어 가장 낮은 1분위 기준소득월액*을 적용받는 가입자와 가장 높은 44분위 기

기준소득월액
국민연금의 보험료 및 급여 산정을 위해 가입자가 신고한 소득. 기준소득월액은 총 44단계로 구분되어 있다(2018년 9월 기준 최저 1분위 30만 원, 최대 44분위 468만 원).

준소득월액을 적용받는 가입자가 있다고 할 때, 1분위 가입자의 연금 보험료는 25,200원이고 20년 가입 시 예상 수령 연금은 약 26만 원입니다. 반면 44분위 가입자가 납부하는 보험료는 404,100원으로 약 16배를 납부하지만 예상 수령 연금은 약 69만 원으로 3배에 불과함을 알 수 있습니다.

배우자가 대신 받을 수 있는 분할연금과 유족연금

분할연금이란 국민연금 가입자가 이혼한 경우 배우자의 노령연금액 가운데 일부분을 나누어 타는 것을 말합니다. 대체로 부부가 같이 살면서 국민연금 보험료를 냈던 기간에 해당되는 연금을 절반씩 나누어 탈 수 있습니다. 최소 5년 이상 결혼생활을 유지해야 하고, 결혼 기간 동안 형성된 연금에 한해 분할 신청할 수 있다는 점에 유의할 필요가 있습니다.

문제는 분할연금 수급권자가 수급사유(연금지급)가 발생한 날로부터 3년 이내에 청구해야만 받을 수 있는데, 대부분 이 사실을 모르는 경우가 많아 권리 행사를 하지 못하는 경우가 많습니다. 실제로 3년 안에 권리를 행사하지 않으면 분할연금 청구 권리 자체가 사라지므로 꼭 알아둘 필요가 있습니다.

국민연금은 수급자가 사망하면 남은 배우자에게 '유족연금'이라는 이름으로 배우자가 종전에 받던 연금의 일부(40~60%)를 지급하는 제도입니다. 다만 부부 두 사람이 모두 노령연금을 수령하고 있을 때, 남편이 먼저 사망했다면 아내는 본인의 노령연금과 배우자 사망으로 인한 유족연금 중 유리한 것 하나만 선택할 수 있습니다.

국민연금 예상 연금액을
알아보기

국민연금공단홈페이지는 누구나 쉽게 국민연금 예상액을 알아볼 수 있
도록 '예상연금액 조회' 서비스를 제공하고 있습니다. 여러 가지 가정에
의한 예상금액이고 향후 국민연금 개정을 고려하면 현실적인 데이터라
고 보기 어렵지만 대략적인 노후 설계를 위해 참고할 만합니다.

국민연금공단홈페이지의 [민원신청]→[개인민원]→[조회]→[가입내
역·예상연금]→[예상연금액 조회]를 통해 확인할 수 있습니다.

[예상 연금액 조회]

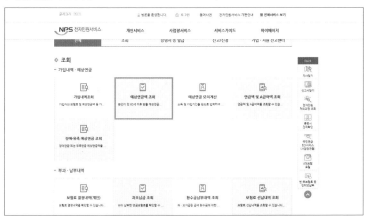

> 예상 노령연금액 (세전)

· 미래가치 예상연금액은 향후 실제 가입이력과 해마다 변동되는 소득, 물가 등에 따라 달라지므로 실제로 받게 되는 금액과 차이가 있을 수 있습니다.

▶향후의 소득 및 가입기간을 수정하여 재계산 바로가기   ▶용어의 설명 및 산정방법

구분	현재가치 예상연금액(세전)	미래가치 예상연금액(세전)			
		최근 5년 간 소득상승률			소득상승률 직접선택
산정기준	현재기준	최저(3.1%)	평균(3.5%)	최고(4.1%)	전체가입자소득 3.1 ▽ % 가입자개인소득 1.0 % 재계산
예상연금액	월 955,520원	월 2,283,580원	월 2,545,220원	월 2,992,510원	
수급개시 년월	2047년 06월 부터				
예상 총 납부월수	총 389 개월	총 389 개월			
예상납부보험료총액	111,980,400 원	155,378,040 원	162,683,880 원	174,463,620 원	
평균소득월액(A값)	2,270,516 원	5,517,861 원	6,150,086 원	7,231,275 원	
가입기간중 소득 평균액(B값)	3,255,097 원	7,687,611 원	8,568,382 원	10,073,784 원	

미리 준비해야 할 은퇴자산 '퇴직연금'

퇴직연금 제도가 최초로 도입된 지 어느덧 10년이 훌쩍 넘었습니다. 국내에 파악된 퇴직연금 적립금 규모만도 150조 원에 육박하는 것으로 알려져 있습니다. 국민연금의 적립금 규모가 약 600조 원 정도임을 감안하면 꽤 큰 규모임을 알 수 있습니다. 수치로만 보면 전체 근로자의 60%가 퇴직연금에 가입했고, 대기업 10곳 중 8곳이 퇴직연금을 도입해 꽤 그럴듯한 성과를 이룬 듯합니다. 하지만 퇴직연금은 여전히 많은 근로자에게 생소한 제도로 인식되고 있습니다.

🐷 내가 가입은 되어 있을까?

퇴직연금은 근로자가 회사에 다니는 동안 회사가 근로자에게 지불해야 할 퇴직금을 은행이나 보험, 증권사에 맡겨두는 제도를 말합니다. 퇴직연금을 도입하지 않은 회사라면 과거의 퇴직금 제도를 유지하고 있을 것입니다. 퇴직금 제도는 근로자가 퇴사할 때 회사의 규정에 따라 퇴직금을 지급하는 제도인데, 보통 퇴직 전 3년 평균 월급(상여 포함)에 근속연수를 곱한 금액이 퇴직금이 됩니다.

퇴직연금은 회사에서 가입을 결정하는데, 통상 근로자의 과반수 이상 또는 근로자 과반수 이상이 참여한 노동조합의 동의가 필요합니다. 퇴직연금 가입 여부를 확인하려면 금융감독원의 '통합연금포털(http://100lifeplan.fss.or.kr)'을 이용하면 됩니다. 회원가입 후 연금정보 조회 신청을 하면 자신이 가입한 퇴직연금과 개인연금 정보를 한눈에 확인할 수 있습니다.

🐷 내가 가입한 퇴직연금의 종류는 무엇일까?

퇴직연금에 가입했거나 가입할 예정이라면 퇴직연금의 종류와 특성에 대해 알아둘 필요가 있습니다. 통상적으로 DB형과 DC형으로 나뉘는데, 정확한 명칭은 DB형(확정급여형, Defined Benefit)과 DC형(확정기여형, Defined Contribution)입니다.

먼저 DB형은 근로자 입장에서 퇴직금과 비슷하다고 이해하면 쉽습니다. 고용주는 퇴직금의 70% 이상을 퇴직연금 운용기관(은행, 증권, 보험사 등)에 맡깁니다. 이를 운용기관이 운용하고 투자 성과 또한 모두 고용주에게 돌아갑니다. 반면 근로자는 퇴직할 때 소득에 따라 퇴직금을 산정받습니다. 다시 말해 연금 수익률과는 별개로 근로자가 받는 돈이 미리 법적으로 정해져 있어 안정적인 퇴직금 수급이 가능한 것이 장점입니다. 또 근로자가 받아야 할 퇴직금은 금융기관에

[퇴직연금제도의 종류와 특징]

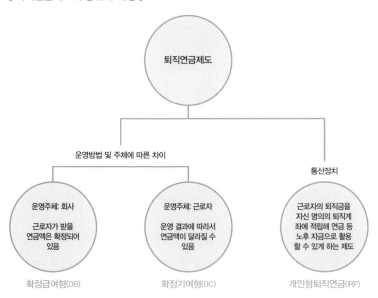

보관돼 있기 때문에 회사가 갑자기 망해도 일정 금액까지는 확실히 보장받을 수 있습니다.

반면 DC형은 퇴직금을 매년 중간 정산하는 것과 같은 개념으로 이해하면 쉽습니다. 회사는 1년마다 근로자의 퇴직금(연간 급여의 1/12)을 산정해 근로자 개인의 퇴직연금 통장으로 지급합니다. 이 돈을 어디에 투자할지 결정하는 것은 근로자 개인의 몫이고, 연금 수익률 역시 개인의 몫입니다. 반면 퇴직연금 수익률이 안 좋아 생기는 손실 금액 또한 개인의 몫입니다.

어떤 종류가 나에게 유리할까?

DB형과 DC형 중 어떤 종류가 나에게 유리할까요? 일반적으로 개인이 투자해서 임금 인상률보다 훨씬 더 수익을 많이 올릴 수 있다면 DC형이 좋습니다. 또 임금 인상률이 거의 없을 것이라고 판단한 경우에도 DC형이 유리할 수 있습니다. 프리랜서처럼 몇 년마다 이직을 한다면 관리 차원에서 DC형이 유리할 수 있습니다.

반면 투자에 관심이 없거나 할 줄 모르고, 임금이 꼬박꼬박 잘 오를 것이라 기대한다면 DB형이 상대적으로 유리합니다. 장기근속이 가능한 경우라도 DB형이 유리할 수 있습니다. 우리나라 근로자 근무 여건의 특성상 대부분 DB형이 유리합니다.

일반적으로 회사 입장에서는 퇴직금 전액을 사전에 지급해야 하는 부담이 있지만 사후 관리의 필요성이 전혀 없다는 점에서 DB형보다 DC형을 선호하기 마련입니다. 최근 장기화되고 있는 저금리 기조 또한 DC형을 선호하게 하는 주요 원인 중 하나입니다. 하지만 최근에는 근로자 개인마다 연봉 인상률이 다르고 금융지식이나 투자 의지의 차이가 크기 때문에 기업에서는 두 가지 방식을 모두 채택한 후 근로자의 선택에 맡기는 경우가 많아지고 있습니다. 이럴 때 개인의 퇴직연금 지식수준에 따라 최선의 선택을 할 수 있을 것입니다.

ⓦ 어느 금융사에 맡겨져 있을까?

퇴직연금은 회사가 은행, 보험, 증권사 등 퇴직연금사업자에게 돈을 맡기는 구조입니다. DB형은 회사가 직접 이들 금융사에게 운용 지시를 하고, DC형은 근로자가 직접 운용 지시를 하는 차이만 있을 뿐입니다.

그런데 DC형 퇴직연금 가입자라도 직접 운용 지시를 내려본 사람은 거의 없을 것입니다. 운용 지시는 자신이 계약을 맺은 퇴직연금사업자의 온라인뱅킹을 통해 손쉽게 할 수 있지만 이 역시도 모르는 경우가 대다수입니다. 금융사에서 퇴직 연금을 운용하다 보니 운용에 따른 수수료가 발생합니다. 다만 DB형이나 DC형 모두 수수료는 회사에서 부담하는 게 원칙이므로 체감하지 못할 뿐입니다. 퇴직연금 수수료는 크게 '운용관리수수료'와 '자산관리수수료' 두 가지가 발생합니다. 운용관리수수료는 회사나 근로자가 수립한 자산 운용 방법을 퇴직연금사업자에게 전달하는 등의 중간 관리 업무에 대한 대가로 발생하는 수수료입니다. 자산관리수수료는 계좌 설정 및 관리, 적립금 보관 및 관리 업무에 대한 대가로 발생하는 수수료입니다.

이렇게 매년 납입하는 퇴직연금은 언제 어떻게 받을 수 있을까요? 퇴직연금은 가입 기간이 10년 이상인 근로자가 55세 이후 연금 또는 일시금 형태로 지급받을 수 있습니다. 특정한 사유가 있을 경우에 한해 중간에 퇴직연금 적립금을 인출하는 것도 가능합니다. 그 사유는 다음과 같습니다.

- 무주택자의 주택 구입
- 무주택자의 전세금 또는 보증금 납입
- 본인 및 배우자 또는 부양가족의 6개월 이상 요양이 필요한 경우
- 담보 제공일로부터 5년 이내 가입자가 '채무자 회생 및 파산에 관한 법률'에 따라 파산 선고를 받은 경우
- 담보 제공일로부터 5년 이내 가입자가 '채무자 회생 및 파산에 관한 법률'에 따라 개인회생 절차 개시 결정을 받은 경우
- 천재지변

개인연금처럼 수령할 수 있는 퇴직연금계좌

IRP(Individual Retirement Pension)란 개인형 퇴직연금계좌로, 일종의 개인연금처럼 매월 또는 일시금으로 납입하고 55세 이후에 연금 형태로 수령할 수 있는 제도입니다. 주요 가입 대상은 다음과 같습니다.

- 퇴직연금 가입자 중 퇴직 시 받은 퇴직금(의무 가입 대상)
- 기존 퇴직금 제도를 통해 일시금으로 퇴직금을 수령한 사람 중 연금 형태로 수령받기를 원하는 사람(선택)
- 자영업자, 공무원 등 기존 퇴직연금 의무 가입자가 아닌 사람 중 가입을 희망하는 사람
- 기존 퇴직연금 가입자 중 추가 납입을 원하는 사람

IRP에 추가 가입하는 사람들의 목적은 크게 두 가지 정도입니다.

첫 번째로 과세이연 혜택입니다. 과세이연이란 쉽게 말해 개인의 자금 활용에 여유를 주기 위해 세금 납부 시점을 추후로 미루는 것을 말합니다. 예를 들어 퇴직 시 거액의 퇴직금을 일시금으로 수령했다면 거액의 퇴직 소득세를 내야 합니다. 하지만 IRP에 가입하여 연금 형태로 수령하면 퇴직 소득세 부담을 연금수령 시점으로 이연시키는 효과를 누릴 수 있습니다. 또 퇴직 소득세에서 연금소득세로 과세 형태가 달라지게 되는데, 이를 잘 활용하면 절세 효과를 누릴 수 있습

244

니다. 두 번째로는 앞서 설명한 세제 혜택의 목적으로 가입하는 경우
가 있습니다.

⬡ 퇴직연금 단점

모든 것이 그러하듯 퇴직연금 역시 장점만 있는 것은 아닙니다. 만
약 연금을 임의로 해지하거나 연금 외 방식으로 수령할 경우 세액공
제를 받은 추가 납입 금액과 연금계좌의 운용 실적에 따라 증가된 금
액에 대해 16.5%의 기타소득세를 내야 합니다. 단, 부득이한 사유
로 IRP 계좌를 중도 해지할 경우에는 연금소득세에 해당하는 저율
(3.3~5.5%)만 부과됩니다. 부득의한 사유라 함은 가입자의 사망 또는
본인이나 부양가족의 6개월 이상의 요양을 필요로 하는 질병, 파산,
개인회생, 천재지변 등입니다.

퇴직연금 세제 혜택을
활용하자

퇴직연금은 가입자가 회사에 재직하는 동안 추가로 납입할 수도 있습니다. 퇴직연금은 기본적으로 국민연금처럼 소득에 따라 차등 지급되는 것이 아니라 개인연금의 성격에 가깝습니다. 특히 DC형의 경우 전적으로 납입원금과 수익률에 의해 연금 적립액이 달라지는 구조이므로 개인연금처럼 퇴직연금을 활용하는 것도 현명한 대안일 수 있습니다.

일반적으로 개인연금에 가입하는 사람들이 연금 저축의 세제 혜택 때문에 가입하는 경우가 많은데, 현행 세법은 개인연금저축 가입자에 한해 연간 최대 400만 원 한도로 16.5%(총 급여 5,500만 원 초과인 경우 13.2%)의 세액공제 혜택을 제공하고 있습니다. 여기에 추가로 퇴직연금에 한해 연간 1,800만 원까지만 추가 납입이 가능하도록 하고 있는데, 개인연금저축(400만 원 한도)과 별도로 연간 300만 원 한도로 추가 세액공제 혜택을 받을 수 있도록 하고 있습니다.

예를 들어 개인연금(400만 원)과 퇴직연금(300만 원)을 모두 가입했다면 총 급여 5,500만 원인 사람의 경우 매년 1,150,000원, 5,500만 원 이상인 사람의 경우에도 매년 924,000원의 세금을 돌려받을 수 있습니다. 기본운용수익률이 3~4% 정도라고 할 때 추가로 16.5% 정도의 세제 혜택을 더하면 약 20%의 수익률 효과를 얻을 수 있는 셈이니 요즘 같은 저금리 시대에 꽤 괜찮은 노후 준비 대비책이 될 수 있음은 두말할 나위 없습니다.

[퇴직연금의 세제 혜택]

연금계좌(연금저축+퇴직연금) 연 400만 원 한도에
퇴직연금은 연 300만 원 추가하여 총 700만 원 세액공제

구분	연금저축	퇴직연금	세액공제 한도
case1	0	700	700
case2	100	600	700
case3	200	500	700
case4	300	400	700
case5	400	300	700
case6	500	200	600
case7	700	0	400

(단위: 만 원)

미리 준비해야 할 은퇴자산
'개인연금'

ⓦ 안정적인 노후 소득이 중요한 이유

노후에 일정한 소득을 확보하는 방법으로는 앞서 설명한 국민연금, 퇴직연금과 지금부터 설명할 개인연금, 퇴직연금, 임대수익, 이자수익, 가족의 용돈 등 여러 가지가 있습니다. 하지만 이 모두를 관통하는 변하지 않는 사실이 있습니다.

연금이든 급여든 용돈이든 종류가 무엇이 됐든 노후에 지속적인 현금 수입원을 확보해야 한다는 것입니다. 이 중 가장 안정적이고 확실한 대안을 꼽으라면 단연 연금소득을 꼽을 수밖에 없습니다. 다시 말해 최소한의 안정적인 수입은 연금소득으로 확보해야 한다는 얘기입니다. 개인적으로 준비해야 한다고 가정할 때 그 준비 시점이 빠르면 빠를수록 노후 생활비는 더 풍족해지고 적은 자금만으로도 평생 안정된 수입을 확보할 수 있다는 것은 만고불변의 진리입니다.

오래 살수록 혜택이 많은 연금보험

많은 전문가가 노후 준비 방법으로 연금보험을 권합니다. 하지만 '보험' 하면 왠지 투자 상품이라는 인식도 적고, 불필요한 사업비와 중도해지 시 손해를 감수해야 하는 등 장점보다 단점이 많아 보입니다. 그렇다면 왜 전문가들은 연금보험 상품을 추천할까요?

노후 준비 하면 은행의 예금, 주식이나 펀드에 투자하는 방법도 쉽게 떠올릴 수 있습니다. 예적금은 입출금이 자유롭고, 주식이나 펀드는 단기간에 많은 수익률을 기대할 수 있다는 장점이 있기 때문이죠. 그에 비해 생명보험사 연금보험 상품의 유일한 장점은 은퇴 이후 평생 꼬박꼬박 '월급'처럼 받을 수 있다는 점뿐입니다. 그러나 우리가 주목해야 할 단어는 '평생'이라는 단어입니다.

은퇴 준비와 관련해 흔히 '장수 리스크'를 많이 언급합니다. 오래 사는 게 왜 리스크일까요? 예를 들어 노후에 매월 200만 원의 생활비가 필요하다고 가정해보겠습니다. 은퇴 후 20년 정도 산다면 필요 생활비는 단순 계산 시 4억 8,000만 원 정도입니다. 하지만 여기서 10년만 더 살아도 2억 4,000만 원이 더 필요하다는 계산이 나옵니다. 그나마 이는 물가 상승은 전혀 고려하지 않고 단순하게 계산한 금액이므로, 실제 필요한 금액은 이보다 훨씬 클 수 있습니다. 또 한 가지 심각한 문제는 우리가 얼마나 더 오래 살게 될지 알 수 없다는 사실입니다. 현재 누리고 있는 소득을 언제까지 벌어들일 수 있을지 모르고, 얼마나 오랜 기간 지출이 필요할지 모른다는 점을 감안하면 '평생'이라는 단어의 무게감은 더욱 커질 수밖에 없습니다.

그리고 연금보험은 투자 수익 면에서 살펴봐도 그리 나쁜 선택이 아닙니다. 또 수익률의 높고 낮음을 떠나 복리 효과와 더불어 국가에서 제공하는 각종 세제 혜택까지 받을 수 있다는 점을 감안하면, 요즘 같은 저금리 시대에 이만한 투자 상품도 없는 것이 사실입니다.

사실 연금보험은 은퇴 이후의 노후생활을 준비하는 것이므로 보장성 보험보다 오히려 더 중요하다고 할 수 있습니다. 나에게 꼭 맞는 맞춤 정장처럼 자신에게 필요한 연금보험을 가입하는 것이 행복한 노후생활을 위한 첫걸음이라고 할 수 있는데, 연금보험에 잘 가입하는 방법에는 무엇이 있는지 알아보도록 하겠습니다.

⟨W⟩ 나에게 맞는 연금 상품 찾기

연금보험은 사실 보험이라기보다 장기투자 상품에 가깝습니다. 이와 같은 특성 때문에 연금보험에 가입할 때 가장 중요한 것은 역시 자신의 투자 성향입니다. 리스크를 줄이고 안정적으로 노후대비를 할 것인지, 리스크가 있지만 공격적으로 투자해 노후대비와 목돈도 함께 마련할 것인지에 따라 필요한 상품이 달라집니다. 일반적으로 안정을 추구하는 성향이라면 일반연금보험이나 연금저축보험이, 수익성을 추구하는 성향이라면 변액연금보험이 적절합니다.

장기간 투자하는 상품이기에 선택에 앞서 각 연금보험 상품의 장단점을 먼저 비교해봐야 합니다.

1. 강력한 세제 혜택: 연금저축보험

안정성 위주의 상품을 고려할 때 일반비과세연금보험과 연금저축보험을 고려해볼 수 있습니다. 일반연금보험과 연금저축 모두 공시이율에 따라 연금수령액이 결정되며, 예금자 보호까지 가능한 안정성이 높은 상품입니다.

연금저축보험은 다른 말로 '세제적격연금'으로 불릴 만큼 근로소득자에게 소득공제의 혜택을 주는 거의 유일한 상품입니다. 납입액 전액에 대해 연 400만 원까지 16.5%(총 급여 5,500만 원 초과의 경우 13.2%)의 세액공제 혜택이 가능합니다. 400만 원 납입 시 매년 66만 원의 세금 환급이 가능합니다.

2. 비과세 상품: 비과세연금보험

2013년 세법 개정 시 금융소득종합과세 기준 문턱이 기존 4,000만 원에서 2,000만 원으로 낮아지면서 비과세 상품에 대한 관심이 어느 때보다 더 커졌습니다. 이런 분들께 적합한 상품이 바로 비과세연금 보험입니다.

일반적으로 세액공제나 소득공제 혜택을 받을 수 있는 상품을 '세제적격연금'이라고 부릅니다. 그 외의 연금을 통틀어 '세제비적격연금'이라고 하는데, 이 상품의 가장 큰 특징은 10년 이상 유지하면 원리금 전액에 대해 전액 비과세 혜택을 누릴 수 있다는 점입니다. 세제적격연금 상품들이 연금액 수령 시 연금소득세(과세이연)를 내야 하는 반면, 해당 상품들은 연금수령액에 대해서도 전액 비과세이기 때문에 은퇴 이후 임대수익, 급여소득, 공적연금, 기타 금융 소득 등 이 런저런 소득이 많은 사람이라면 오히려 비과세연금보험이 유리할 수 있습니다.

3. 고수익을 원한다면: 변액연금

리스크를 부담하더라도 고수익을 원한다면 변액연금보험을 추천합니다. 변액연금보험은 펀드 투자 수익에 따라 연금수령액이 결정되는 보험 상품으로, 일반연금보험보다 좀 더 공격적인 투자가 가능합니다. 물론 공격적이라 해서 주식형 펀드 상품처럼 리스크가 큰 것은 아닙니다.

노후 보장이 목적인 연금보험의 특성상 주식 투자 비중을 엄격히 제한할 뿐 아니라, 최근 변액연금보험 상품의 경우 수익률이 마이너스가 되어도 연금 수령 시 원금의 200%까지 보증하는 상품이 출시되어 손실을 회피할 수 있는 장점도 있습니다.

결론적으로 변액연금보험은 일반연금보험의 안정성과 펀드의 수익성이라는 장점을 두루 갖춘 상품이라 할 수 있습니다. 다만 변동성이 크기 때문에 아직 경제 활동을 할 수 있는 기간이 길어 장기 유지가 가능하고 수익률이 높은 상품을 선호하는 이들에게 적합하며, 전액을 변액연금에 투자하기보다 일반연금과 적절한 비중으로 나누어 가입하는 지혜가 필요합니다.

미리 준비해야 할 은퇴자산
'즉시연금과 주택연금'

노후 준비는 빠르면 빠를수록 좋지만 현실적인 문제들로 이렇다 할 준비가 이루어지지 못했다면 어떻게 해야 할까요? 이런 사람들을 위한 대표적인 해결책으로 즉시연금과 주택연금에 대해 알아둘 필요가 있습니다.

미처 연금을 준비하지 못했다면, 즉시연금

정신없이 살다가 특별한 준비 없이 은퇴를 맞았다면? 남들 다 가입하는 연금보험이라도 하나 들어둘 걸 그마저도 없어 불안하다면? 이런 이들에게 대안이 될 수 있는 상품으로 '즉시연금'이 있습니다.

즉시연금이란 수십 년간 일정액을 차곡차곡 쌓아 연금으로 수령하는 일반적인 연금 상품과 달리 목돈을 한 번에 거치하고 이를 장기간 연금 형태로 전환하여 수령하는 상품을 말합니다. 가입 대상은 어느 정도의 금융자산을 보유하고 있지만 노후 준비는 늦은 사람들입니다. 일시납 형태로 목돈을 납입하면 이를 연금 형태로 바로 받는 것이 가장 큰 특징인데, 목돈이 들어가는 단점이 있긴 하지만 평생토록 안정적인 연금소득이 발생한다는 점에서 고령화를 위한 틈새 상품으로 각광받고 있습니다.

임대료를 받아 생활하면 되지 않을까?

최근 뜨는 노후 대책 중 하나가 주택을 구입하여 임대료를 받아 노후 자금으로 활용하는 방법입니다. 꽤나 현실적인 방법이지만 이 역시 간단한 문제는 아닙니다.

이미 임대사업을 오랫동안 해왔다면 모르겠지만 단순히 은퇴 생활비를 목적으로 임대사업을 고려한다면 몇 가지 꼭 미리 고민해봐야 할 문제점이 있습니다.

첫 번째, 임대사업의 겉모습만 보고 판단해선 안 됩니다. 보통 매달 꼬박꼬박 임대료를 받는 임대사업자의 수입만 보고 쉽게 돈을 번다고 착각합니다. 그런데 모든 임차인이 성실하게 임차료를 제때 납입해주면 좋겠지만 그렇지 않은 경우가 더 많습니다. 그때는 빨리 내라고 독촉도 해야 하고, 때로는 이런저런 다툼에 휘말릴 각오도 해야 합니다. 가끔 골치 아픈 법정 다툼에 시달리기도 하는데, 노년에 이같은 일을 겪는다는 것은 결코 만만한 일이 아닙니다. 전문 관리인을 고용하면 이 같은 문제에서 상당 부분 벗어날 수 있지만, 추가적인 비용이 발생한다는 점에서 부담이 되긴 마찬가지입니다.

저 역시 임대주택을 여러 채 보유하고 있지만 운영하면서 의외로 다양한 문제에 직면하게 됩니다. 세금 문제로 골머리를 앓기도 하고, 뜻하지 않은 임차인과의 갈등으로 스트레스 받는 일도 허다합니다. 보일러, 욕실 공사 등 예기치도 못한 비용이 지출되기도 하고 간혹 공실이라도 생기면 수익은커녕 손실 메우기에 급급합니다.

두 번째, 사람처럼 건물도 늙어간다는 점입니다. 사람이 늙으면 이런저런 병원비 지출이 늘듯, 소유하고 있는 건물이 노후하면 이런저런 비용이 듭니다. 비용 증가는 결국 임대료 수입의 저하로 이어지게 되고, 긴 노후를 생각한다면 최악의 경우 건물의 재건축까지 고려해야 할 상황이 생길 수도 있습니다.

세 번째, 비용의 문제입니다. 매년 납부하는 재산세 등의 제반 비용은 거주할 때도 발생하는 비용이기 때문에 예외로 하더라도, 임차인이 바뀔 때마다 지급해야 하는 중개수수료 등도 고려 대상입니다. 특히 노후 생활비를 위해 월세 계약을 맺는 경우가 많은데, 월세 계약의 경우 전세 계약에 비해 자주 계약하게 되기 때문에 상황에 따라 만만치 않은 중개수수료가 들 수도 있습니다.

마지막으로 주택 가격 하락의 위험을 고려해야 합니다. 임대료 수입에 의존한다는 것은 다시 말해 임대료 수입이 줄어들지 않는다는 것을 기본전제로 하는데, 만에 하나 주택 가격이 폭락하거나 임대료 수입이 폭락하면 그 위험에 고스란히 노출된다는 점을 고려해야 합니다.

ⓦ 집 한 채가 전부인 은퇴자들을 위한 주택연금

주택연금이란 주택금융공사(http://www.hf.go.kr)에서 현재 살고 있는 주택을 담보로 일정한 연금 혜택을 제공하는 상품입니다.

주택연금이 현실적 대안이 될 수 있는 이유는 다음과 같습니다. 가장 먼저 우리나라 가계의 자산은 특이하게 대부분 부동산으로 구성되어 있다는 것을 알 수 있습니다. 총자산 중 부동산 비중이 평균 80%에 달하는 것으로 나타났는데, 이는 살고 있는 집 한 채 빼고 나면 이렇다 할 금융자산은 많지 않다는 의미입니다.

이런 이유로 '살고 있는 집을 팔아 은퇴 자산으로 활용하는 방법이 있지 않을까?'라는 막연한 생각을 한 번쯤은 해봤을 것입니다. 은퇴 전에 살고 있던 집을 줄여 작은 집으로 옮기는 방법을 생각해볼 수 있는데, 이 경우 어느 정도의 목돈을 마련할 수는 있지만 비약적으로 늘어난 노후 기간을 감안할 때 생활비 걱정에서 완전히 벗어날 수 있는 해결책이라 보긴 어렵습니다.

이때 대안이 될 수 있는 것으로 주택연금이 있습니다. 주택연금이란 거주하고 있는 집을 담보로 주택 소유자나 배우자가 사망할 때까지 연금 형태로 매월 생활비를 지급받는 금융상품을 말합니다. 외국에선 이미 역모지기론이란 이름으로 활성화되어 있는 제도로, 우리나라에서는 주택연금이라는 이름으로 자리를 잡았습니다.

말 그대로 이렇다 할 준비 없이 살고 있는 주택 한 채가 전부인 은퇴자들을 위해 만들어진 제도이므로 일정한 가입 조건을 갖추고 있는데, 만 60세 이상이면서 1세대 1주택 소유자인 사람만 가입이 가능합니다.

연금을 수령하는 방식은 수시인출한도를 설정하지 않고 사망할 때까지 매달 일정한 금액을 연금으로 받는 종신지급 방식과 대출한도의 50% 이내에서 개별 인출을 허용하고 나머지 부분에 대해서 매달 일정한 금액을 연금으로 받는 종신혼합 방식으로 구분됩니다.

은퇴자산으로서 주택연금의 장점은?

주택연금의 가장 큰 장점은 주거 안정성을 확보할 수 있다는 것입니다. 전셋값이 폭등하는 지역에서는 수많은 세입자들이 거주의 안정성을 위협받을 수 있습니다. 만약 이렇다 할 수입 없이 은퇴를 맞게 된다면 은퇴 이전에 비해 그 위험은 배가될 확률이 큽니다. 주택연금의 경우 살고 있는 주택을 담보로 연금을 지급 받긴 하지만 적어도 사망 시까지는 거주의 안정성을 확보할 수 있다는 점에서 매력적인 상품입니다.

주택연금의 두 번째 장점은 생활 안정성의 확보입니다. 기존 은행 등에서 판매하던 역모기지론 상품은 일정 기간 동안만 연금을 지급했던 것에 반해 주택연금은 종신(평생) 지급된다는 차이가 있습니다. 이른바 장기 생존에 의한 장수 리스크를 보증하는 것인데, 이는 오래 살면서 발생할 수 있는 생활비 부족 위험을 해결할 수 있다는 점에서 큰 매력이라고 할 수 있습니다.

이와 관련하여 주택연금의 대출금 상환 방식도 장점입니다. 주택연금은 일종의 대출금을 일시금이 아닌 연금 형태로 지급받는 대출 제도지만, 대출금 상환 총액은 담보 주택의 처분 가격 범위 내로 한정됩니다. 쉽게 말해 대출금 총액이 주택 처분 가격을 넘으면 추가금을 물지 않아도 된다는 이야기입니다.

[채무 부담 한도]

금액 비교	상환할 금액	비고
주택 가격<대출 잔액	주택 가격	부족한 부분은 가입자(상속인)에게 청구하지 않음
주택 가격>대출 잔액	대출 잔액	남은 부분은 가입자(상속인)가 가져감

※ 대출금 상환액은 담보주택 처분 가격의 범위 내로 한정

주택연금에 대한
오해와 진실

Q 주택 가격이 큰 폭으로 떨어지면 연금액도 함께 줄어들지 않나요?

A 가입자들이 가장 우려하는 것 중 하나가 고령화 등으로 인해 주택 가격이 폭락하면 어쩌나 하는 불안감입니다. 주택연금은 기본적으로 주택을 담보로 한 일종의 대출 제도이기 때문에 주택 가격이 하락하면 연금액도 줄어들지 않을까 하는 고민을 할 수 있습니다. 하지만 이는 오해에 불과합니다. 설사 집값이 터무니없이 떨어진다고 해도 매월 받는 연금액에는 지장을 받지 않습니다.

Q 주택 가격이 크게 오르면 가입자가 손해 보는 것 아닌가요?

A 이 역시 대표적인 오해입니다. 주택 가격이 오른 만큼 연금액도 함께 늘면 좋겠지만 이 경우에도 연금액은 동일합니다. 이것은 어쩌면 단점이

261

될 수도 있는데, 극단적인 경우 기존의 대출금을 전액 상환한 후 재가입을 고려해볼 수 있습니다. 또 가입자가 사망한 후 연금 총액이 주택 처분 가격보다 적을 때 차액은 가입자나 상속인에게 지급되므로, 주택 가격 상승으로 인한 실질적 손해는 거의 없다고 볼 수 있습니다.

Q 대출 총액(연금지급액)이 주택 처분 가격을 넘으면 추가 부담금이 생기는 것 아닌가요?

A 주택연금 가입 시점에 비해 주택 가격이 크게 하락하거나, 장수로 인해 연금 지급 기간이 길어지면 대출 총액(연금지급액)이 주택 처분 가격을 초과할 수 있습니다. 하지만 주택연금의 대출원리금 회수는 어디까지나 담보 주택 가격 범위 내에서만 행사하도록 법으로 규정돼 있으므로 크게 걱정할 필요가 없습니다. 같은 맥락에서 사망 후 받은 연금 총액이 주택 처분 가격을 초과하더라도 차액을 상환할 필요가 없고, 주택 외에 별도의 재산이 있더라도 추가 상환 의무는 없습니다.

Q 한 번 가입하면 해지할 수 없다고 하던데요?

A 물론 해지할 수 있습니다. 단, 해지 시점까지 매월 받았던 대출원리금 전액을 상환해야 가능합니다. 대출 상품의 경우 중도 해지 시 중도 상환에 따른 수수료가 부담되지만, 주택연금은 별도의 중도 상환 수수료가 없습니다.

Q 1주택자만 가입이 가능하다고 하던데, 중도에 2주택자가 되면 계약이 해지되나요?

A 주택연금을 이용하다 2주택자가 되면 계약이 해지될 것이라는 것도 잘못된 상식입니다. 신청 당시 1주택 소유자면 이용 도중 2주택자가 되더라도 보증이나 대출 계약은 종신까지 유지됩니다.

Q 현재 담보대출을 받고 있다면 가입할 수 없다던데?

A 주택연금에 가입하려면 현재 담보대출 설정 등이 없어야 합니다. 하지만 담보대출액을 상환할 여윳돈이 없어 가입이 불가능하다는 말은 잘못된 상식입니다. 주택연금은 목돈의 중도 인출(대출한도의 최대 50%)이 가능한 종신혼합형 연금 제도를 운영하고 있습니다. 종신혼합형에 가입한 후 담보대출금을 갚는 방법으로 가입이 가능합니다.

Q 주택연금 얼마나 받을까요?

A 한국주택금융공사 홈페이지에서 제공하는 '예상연금조회' 서비스를 통해 몇 가지 간단한 입력만으로도 예상 연금액을 쉽게 산출할 수 있습니다.

[예상 연금 조회 서비스]

의외로 골치 아픈
세금 문제

얼마 전 퇴근 후 집에 가니 아이가 밤늦은 시간까지 산더미처럼 밀린 방학 숙제를 하느라 정신이 없었습니다. 방학 기간 동안 본인이 차일피일 미루다 벌어진 일인지라 어디에 하소연도 못하는 처지인 아이를 보자니 저의 어린 시절이 떠올라 실소가 터져 나왔습니다.

누구나 학창 시절에 이런 경험을 한 적이 있을 것입니다. 문제는 성인이 됐다고 크게 달라지진 않는다는 점입니다. 서둘러 끝낼 수 있는 일도 '천천히 하지 뭐' 하고 여유를 부리다가 결국 마감 시한이 다 돼서야 '벌써 시간이 이렇게 됐어?' 하고 밤을 새기 일쑤죠. 미루다가 한 번 곤혹을 치르고 나면 '다음에는 이러지 말아야지' 하고 다짐하지만 이 역시 그때뿐일 확률이 높습니다.

특히 노후 준비가 꼭 그렇습니다. 다들 평안한 노후를 희망하지만 정작 노후 대비 저축은 차일피일 미루게 됩니다. 아직은 준비할 시간이 많이 남았다고 여유를 부리는가 하면, 당장 집세 내고 자녀 학원비 내고 나면 저축할 여력이 없어 엄두가 나지 않을 때도 있을 것입니다. 이들이 노후 대비를 하루라도 빨리 시작하도록 하려면 유인이 필요한데, 대표적인 유인 중 하나가 '세제 혜택'입니다.

🎗 은퇴 후의 세금은 은퇴 전의 세금과 다르다

은퇴를 하면 같은 돈이라 해도 그 흐름과 성격이 바뀔 수밖에 없습니다. 퇴직 전에는 일을 해서 돈을 벌고 그 돈의 액수도 큽니다. 하지만 퇴직을 하면 일을 해서 버는 돈은 뚝 떨어지고 대신에 지금까지 모아두었던 자산을 소비하며 살아야 합니다. 돈을 모아서 쓸 때와 돈을 인출해서 쓸 때는 그 느낌이 전혀 다를 수밖에 없고, 일을 하면서 돈을 투자할 때와 일을 하지 않고 투자만 할 때 또한 다를 수밖에 없습니다. 세금 문제 역시 마찬가지입니다. 돈을 벌 때 내는 세금과 돈을 쓰기만 할 때 내는 세금은 천지차이입니다. 은퇴 후 세금 문제를 간과하다가 세금폭탄이라도 맞는다면 치명적일 수밖에 없습니다. 은퇴 후 세금 문제에 대해 간과해선 안 되는 이유입니다.

연금과 세금은 함께 관리하라

일반적으로 노후 소득원으로 연금소득을 준비하는데, 연금도 소득이기 때문에 세금과 밀접한 관련이 있습니다. 연금과 세금을 묶어서 봐야 하는 것 또한 이 때문입니다. 대다수 연금이 장기저축을 유도하기 위해 가입자에게 소득공제나 세액공제, 비과세 같은 세제 혜택을 제공합니다.

국민연금을 예로 들어보겠습니다. 소득 활동에 종사하는 만 18~60세 미만 국민은 누구나 의무적으로 국민연금 보험료를 납부해야 합니다. 대신 매년 납부한 보험료에 대해 연말정산 때 소득공제를 해줍니다.

퇴직금도 마찬가지입니다. 연금저축이나 퇴직연금에 근로자가 추가로 납입하는 적립금에 대해서도 세액공제 혜택이 주어집니다. 그대신 세액공제 받은 적립금을 중도에 인출할 때는 기타소득세를 부과함으로써 그동안 받았던 세제 혜택을 반환하도록 합니다.

연금저축과 같은 개인연금 역시 연 400만 원 한도 내에서 세액공제 혜택을 제공합니다. 세액공제 혜택을 제공하지 않는 개인연금을 비과세 연금이라고 하는데, 이 경우에도 10년 이상 유지하면 늘어난 수익에 대해 소득세를 납부하지 않아도 됩니다.

ⓦ 세금 부담을 덜 수 있는 과세이연과 저율과세

연금 관련 세제에서 꼭 알아둬야 할 것이 '과세이연'의 개념입니다. 일반적으로 적립 단계에서 당장 누리는 세제 혜택에만 관심을 가질 뿐 은퇴 후 부담해야 할 세금에 대해서는 무지한 경우가 많습니다.

연금은 대부분 적립할 때 각종 공제와 비과세 혜택을 주는 대신 인출할 때 세금을 부과하는 '과세이연' 방식을 취하고 있습니다. 연금에 저축하는 돈이 늘어나면 그만큼 쓸 수 있는 돈은 줄어듭니다. 따라서 연금을 준비할 때 당장 납부해야 할 소득세를 차감해주고, 실제로 연금 혜택을 받는 시기에 소득세를 징수하는 것이 바로 '과세이연'입니다.

국민연금 가입자의 경우 매년 납부한 보험료에 대해 연말정산 때 전부 소득공제를 받습니다. 그 대신 60세 이후 노령연금을 수령할 때 소득세를 납부하도록 하고 있습니다. 연금저축의 경우 저축 기간에는 세액공제 혜택을 받는 대신 나중에 연금을 수령할 때 연금소득세를 납부해야 합니다. 연금계좌에서 발생한 이자나 배당소득에도 과세이연 혜택이 주어집니다. 일반 금융상품에서 이자와 배당이 발생하면 매년 소득세(15.4%)를 원천징수하지만 연금저축과 퇴직연금에서 발생한 운용 수익에 대해서는 당장 세금을 과세하는 것이 아니라 나중에 이를 연금으로 수령하거나 일시에 찾아 쓸 때 세금을 부과합니다.

연금소득에 대한 저율과세도 알아둘 필요가 있습니다. 연금 관련 세제는 단순히 납세 시기만 뒤로 늦춰주는 것은 아닙니다. 적립금이나 운용수익을 연금으로 수령하면 실질적인 세부담도 덜 수 있습니다. 먼저 연금저축과 퇴직연금에서 발생한 연금소득이 연간 1,200만 원을 넘지 않는 경우에는 낮은 세율(3.3~5.5%)로 분리 과세합니다. 그리고 해당 소득이 1,200만 원을 넘을 때만 다른 소득과 합산해서 과세합니다. 이때도 연금소득은 최대 900만 원까지 '연금소득공제'를 받을 수 있습니다. 소득이 많은 시기에 높은 세율을 공제해주고, 소득이 낮은 은퇴 시기에 낮은 세율을 부과함으로써 일정 수준의 세금 절감 효과도 누릴 수 있는 셈입니다.

5대 리스크를
관리하라

은퇴 후 가장 중요한 것은 리스크 관리입니다. 젊은 시절에는 실패해도 시간의 힘으로 극복할 수 있지만 은퇴 후에는 작은 실패도 회복 불가능한 큰 위험이 될 수 있기 때문입니다. 은퇴 후 맞이할 수 있는 5대 리스크로는 황혼이혼, 성인 자녀, 창업 실패, 중대 질병, 금융 사기 등이 있습니다.

큰 범주로 나누어 보면 이렇지만 각각의 5대 리스크가 은퇴자에게 미치는 영향은 상황에 따라 다를 수밖에 없습니다. 일단 해당 리스크가 발생하는 빈도가 다르고, 발생했을 때 미치는 경제적인 영향도 다르기 때문입니다.

중대 질병 리스크

가장 치명적인 위험은 바로 질병입니다. 그중에서도 암, 심혈관 질환, 뇌혈관 질환 등의 중대 질병은 심적, 경제적으로 치명적일 수밖에 없습니다. 평생 의료비 지출의 60% 이상이 65세 이후에 발생한다는 점을 감안한다면 빈도와 경제적 리스크는 상상을 초월합니다.

이러한 중대 질병 리스크는 사전에 준비하거나 보험으로 이전하는 노력이 필요합니다. 노후 의료비를 따로 준비해놓거나 보험을 통해 경제적 위험을 이전할 수 있습니다.

노후 의료비 보장을 위한 대표 상품들로는 의료실비보험, 암보험, 중대질병보험, 간병보험 등이 있습니다. 보험이 없다면 지금이라도 자신에게 가장 필요한 최소한의 보험을 준비하는 것이 좋은데, 질병 보험의 특성상 고연령으로 갈수록 보장 금액, 보장 범위는 줄고 보험료는 비싸지므로 되도록 일찍 가입하는 것이 유리합니다.

이미 보험에 가입했어도 가지고 있는 보험 내용을 한 번쯤 확인할 필요가 있습니다. 과거에 출시됐던 보험은 보장 기간이 60세, 70세 정도로 짧은 경우가 많고, 보장 금액도 물가 상승을 반영하지 못하는 경우가 많으므로 보강이 필요할 수도 있기 때문입니다. 이왕이면 늘어나는 수명과 필요한 의료비 수준에 맞도록 정기적인 보장 리모델링이 필요합니다.

ⓦ 황혼이혼 리스크

과거에 '황혼이혼 리스크'라고 하면 경제적 리스크는 크지만 발생할 확률은 매우 낮은 리스크로 여겨졌습니다. 하지만 앞으로는 노후를 위협하는 가장 큰 리스크 중에 하나가 될 확률이 높습니다.

생각보다 우리나라의 이혼율은 높습니다. 통계청 자료에 의하면 한국의 이혼율은 OECD 국가 중 미국, 스웨덴에 이어 근소한 차이로 3위를 기록합니다. 심지어 '졸혼'이라는 신조어가 사회적 이슈가 되고 있을 만큼 황혼이혼은 가파른 증가세를 보이고 있습니다. 황혼이혼이 더 이상 남의 일이라고만 할 수 없는 이유입니다.

미래에셋 은퇴연구소 발표 자료에 따르면 황혼이혼을 한 사람은 평균 1억 2,000만 원의 자산을 잃었고, 이혼 이후 생활비를 절반 이상 줄여야 했다는 비율도 58%에 달했다고 합니다. 이혼에 뒤따르는 경제적 충격을 줄이거나 피하기 위해서라도 황혼이혼 리스크는 최대한 피하는 것이 좋습니다.

물론 이혼이 경제적 문제에만 국한되는 것이 아니라 다양하고 복합적인 문제로 인해 발생되는 것이므로 쉽게 단정 지을 수 없습니다. 애초에 리스크가 발생하지 않도록 사전에 부부관계를 잘 관리하는 수밖에 없습니다.

🐷 성인 자녀 리스크

다 키운 성인 자녀가 리스크가 될 수 있다니 무슨 뚱딴지같은 말인가 싶겠지만, 미래에셋 은퇴연구소 발표 자료에 따르면 60대 은퇴자 중 절반 정도가 성인 자녀를 부양하고 있다고 합니다. 늘어난 학업 기간과 취업난 등이 대표적 원인이지만 취업한 자녀들이 부모에게 얹혀 사는 케이스도 적지 않다고 합니다. 부모에게 얹혀사는 성인 자녀의 3분의 2가 본인의 생활비를 전혀 부담하고 있지 않은가 하면, 요즘에는 자녀의 결혼비용 또한 상당 부분 부모의 몫이 됐기 때문에 경제적으로 큰 부담으로 작용하고 있습니다. 물론 지원해줄 여건이 안 된다면 어쩔 수 없지만, 늦은 취업과 학자금대출 부담, 높은 결혼비용 등으로 인해 결혼이라는 숙제를 오롯이 자녀들에게만 맡길 수도 없는 노릇입니다. 어려운 취업 여건과 결혼비용을 고려할 때 부모가 일정 기간 성인 자녀를 부양하게 되는 것은 불가피한 측면도 있지만, 지원 금액이 은퇴 생활에 지장을 줄 정도가 되는 것은 위험합니다.

성인 자녀 리스크에 대비하는 가장 좋은 방법 역시 위험을 축소하는 것입니다. 자녀가 성인이 됐다면 부부가 은퇴 생활에 대한 큰 그림 속에서 자녀 양육에 대한 책임 한계를 충분히 대화하는 것이 중요하고, 이러한 계획을 자녀와 사전에 충분하게 공유하여 적은 금액이라도 생활비를 분담하도록 하는 노력이 필요합니다. 아직 자녀가 어리다면 독립심과 경제관념을 갖도록 어렸을 때부터 미리미리 훈련하

는 지혜가 필요합니다. 엄마의 금융지식이 빛을 발하는 포인트이기
도 합니다.

창업 실패 리스크

은퇴 후 창업을 하는 경우가 상당히 많습니다. 대부분 음식점, 프랜차
이즈, 편의점 등의 자영업에 뛰어드는데 문제는 실패할 확률이 매우
높다는 점입니다. 국세청 통계에 따르면 하루 평균 250명이 폐업을
한다고 합니다(2016년 기준).

창업 실패를 할 경우 경제적 손실 규모가 적지 않다는 점을 감안하

[늘어나는 폐업자 수]

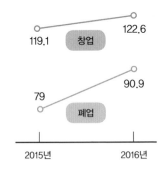

119.1 창업 122.6

79 폐업 90.9

2015년 2016년

(단위: 만 명, 출처: 국세청)

면, 은퇴 후 창업 실패 리스크 역시 회피하거나 되도록 축소해야 합니다. 창업을 아예 하지 않거나 하더라도 작게 시작한 후 점차 확장해나가는 방법을 고려해야 합니다. 예를 들어 노후자금을 탈탈 털어 올인하는 창업은 지양하는 것이 좋습니다. 젊었을 때야 어떻게든 재기할 방법이 있지만, 은퇴 후 올인하여 시작한 사업이 실패하면 치명적인 위험에 노출될 수 있기 때문입니다.

금융사기 리스크

몇 년 전 세간을 떠들썩하게 했던 B저축은행 사태가 있었습니다. 그 피해 규모만도 총 26조 원에 달했는데, 이 사건으로 인해 많은 사람이 금전적인 손해를 입었습니다. 피해자들 중 상당수는 노후 자금으로 평생 모은 자금을 은행 말만 믿고 투자상품을 저축상품으로 오인해 투자한 고령자들이었습니다. 모아놓은 재산은 많지 않은 것만 같고, 남은 노후는 길게만 느껴지다 보면 자연스레 마음이 조급해집니다. 조급증이야말로 투자의 가장 큰 적이라는 점을 감안할 때 은퇴 후 금융사기에 빠질 위험은 높을 수밖에 없습니다.

이러한 금융사기 리스크도 회피하는 것이 좋습니다. 금융사기 리스크는 일단 피해를 보고 나면 돈을 돌려받기 힘들고, 피해자가 피해 규모를 조절할 수도 없습니다. 따라서 금융사기를 당하지 않도록 예방하는 것이 가장 현명한 관리법입니다. 이 말 한마디만 기억해도 절반은 성공한 셈입니다.

"이 세상에 공짜 점심은 없다."

[은퇴 후 리스트 종류와 방어 전략]

은퇴 리스크	발생 확률	경제적 영향		방어 전략
성인 자녀	55.5%	1억 2,000만 원	축소	**경제적 영향을 줄여라** 자녀 지원 예산을 별도로 세우고 지원 금액을 제한하라
금융사기	23.7%	1억 2,000만 원	회피	**발생 위험을 회피하라** 금융사기의 유형을 알아두고 과도한 수익률을 욕심내지 말자
중대 질병	18.8%	2억 3,000만 원	이전	**경제적 영향을 이전하라** 보장성 보험(실손보험 및 정액보험) 가입으로 리스크를 이전하라
창업 실패	6.2%	7,000만 원	축소 회피	**발생 위험은 피하고 경제적 영향은 줄여라** 고정 자산이 필요한 소자본 창업 지양, 생활을 위한 최소한의 자산은 남겨두라
황혼이혼	2.9%	1억 1,000만 원	회피	**발생 위험을 회피하라** 은퇴 후 부부관계 변화에 대해 은퇴 전부터 고민하라

(출처: 미레에셋 은퇴리포트 32호, 2017년)

행복한 은퇴를
위한 연습

우리는 행복을 말할 때 돈에 대한 이야기를 빠뜨리지 않습니다. 인터넷에 떠도는 재미있는 글에서 본 것인데 은퇴 후 여자와 남자에게 필요한 다섯 가지가 있다고 합니다. 늙어서 여자에게 필요한 다섯 가지는 첫째는 돈, 둘째가 딸, 셋째가 건강, 넷째가 친구, 다섯째가 찜질방이라고 합니다. 반면 늙어서 남자에게 필요한 것은 첫째는 부인, 둘째가 아내, 셋째가 집사람, 넷째가 와이프, 다섯째가 애엄마라고 합니다. 웃고 넘길 수 있는 가벼운 유머에 불과하지만 이 말대로라면 여자는 노후에 돈과 친구가 없으면 불행하고, 남자는 아내가 없으면 불행해진다고 정리할 수 있을 것 같습니다.

돈과 행복에 관한 얘기를 좀 더 해보겠습니다. 행복의 사전적 의미를 찾아보면 '생활의 만족과 삶의 보람을 느끼는 흐뭇한 상태'로 표현할 수 있습니다. 그러면 돈이 많아질수록 그에 비례하여 더 행복해질 수 있을까요?

실제로 미국과 캐나다 사람들을 대상으로 돈과 행복에 관계에 대한 설문조사를 한 적이 있습니다. 해당 설문에서 '돈이 많으면 행복합니까?'라는 질문에 대해 '아니오'라는 답이 의외로 많은 반면 '돈이 없으면 불행합니까?'라는 질문에는 '예'라는 대답이 압도적으로 많았다고 합니다. 이를 토대로 은퇴 후 어느 정도의 경제력이 해결된다면 적어도 불행한 노후는 면할 수 있겠단 생각이 드는 것도 사실입니다. 그렇다고 모든 문제가 해결된 것은 아니죠. 앞선 조사 결과에서처럼 돈 문제가 해결됐다고 행복이 보장되는 것은 아닐 테니까요.

은퇴 이후에도 일은 필요하다

'일과 삶의 균형(Work and Life Balance)'이라는 의미의 '워라밸'이라는 단어가 사회적 화두로 떠올랐습니다. 시대가 변하면서 사람들은 점점 일과 생활의 균형을 잡는 데 관심을 기울이고 있습니다.

은퇴 후에도 워라밸은 여전히 중요한 명제입니다. 흔히 은퇴를 하면 '일'은 사라지고 '인생'만 남을 거라고 착각하기 쉽지만 이러한 은퇴는 오히려 행복과 거리가 멀어질 확률이 높습니다.

현재를 기준으로 은퇴를 맞이한 여성의 평균 기대수명은 90세에 육박합니다. 심지어 시간이 지날수록 여성의 기대수명은 늘어날 확률이 크죠. 은퇴 후 노후 기간이 20년이라고 가정해도 이를 시간으로 환산하면 자그마치 175,200시간에 이릅니다. 우리가 하루 평균 8시간을 일한다고 가정했을 때 휴일 없이 30년을 꼬박 일해도 87,200시간에 불과하니 어느 정도의 시간인지 상상이 가리라 생각합니다. 그렇다면 이 기나긴 시간을 아무것도 하지 않고 쉬기만 하면서 보내는 게 행복할까요?

예전에 한 포럼에서 일본 은퇴 전문가를 만난 적이 있습니다. 일본에서는 노후를 맞이한 분들께 '멍 때리지 말라'고 조언한다고 합니다. 처음엔 무슨 소리인가 했지만 '그냥 집에서 멍하게 있지 않고 무엇이라도 나와서 하는 것이 제일 중요하다'는 의미로 이 같은 말을 한다고 해서 고개를 끄덕였던 기억이 납니다.

멍 때리지 말고 뭐라도 하는 것도 중요하지만, 한발 더 나아가 생각해보면 이왕 할 거 의미 있는 무언가를 하는 것이 행복한 노후를 위한 핵심 키워드가 아닐까 싶습니다. 은퇴 후 일하는 시간을 어떻게 관리하느냐가 물질적, 정신적 건강 모두에 영향을 미칠 수밖에 없기 때문입니다.

행복지수를 높이는 방법

심리학자 리처드 스티븐스Richard Stephens는 영국 한 작은 마을에서 재미있는 실험을 열었습니다. 마을 사람들을 대상으로 한 이른바 '행복지수 높이기'라는 실험이었는데, 대상자는 주로 가사노동으로 심한 우울증을 앓고 있던 주부, 허드렛일을 하며 본인이 불행하다고 느끼는 일용직 등 행복과는 거리가 먼 사람들이었습니다.

실험 조건은 간단했습니다. 실험에 참여하는 기간 동안 가급적 친절하고, 선행을 베풀려고 노력하고, 하루를 마칠 때 일기를 쓰고, 감사할 일이 있다면 이를 일기에 쓰는 것이 전부였습니다. 실험 참가자들은 처음에는 반신반의했다고 합니다. 심지어 이런 게 무슨 효과가 있겠냐며 불만을 표시하는 사람도 적지 않았습니다. 그런데 시간이 지나면서 즐거워지기 시작했고, 행복해지기 시작했습니다. 실제로 몇 개월 후 그들의 행복지수를 측정했더니 실험 전에 비해 약 33% 정도 행복지수가 높아졌다고 합니다. 행복도 결국 노력과 연습이 필요하다는 얘기입니다.

은퇴 후의 삶에도 연습이 필요합니다. 먼저 제2의 인생을 위한 역할을 미리 준비해야 합니다. '와튼스쿨의 인생학 강의'로 유명한 리처드 셸Richard Shell 교수는 그의 저서에서 "성공한 삶을 위해서는 돈과 명예뿐 아니라 의미 있는 일(Meaningful Work)을 찾아야 한다"고 말합니다. 또 그는 열정과 흥미, 재능과 장점, 일정 수준의 경제적 안정 등을 충족시키는 '스위트 스팟Sweet Spot(의미 있는 일)'을 찾기 위해 꾸준히 노력해야 한다고 주장합니다.

사실 의미 있는 일을 본격적으로 시작하기에 은퇴 후만큼 좋은 시기도 없습니다. 팍팍한 현실 속에서 본인이 좋아하는 일만 하며 살아가기 힘들고, 가족 부양, 자녀 교육, 내 집 마련 등 이런저런 경제적 이유로 돈을 쫓아 일할 수밖에 없는 것이 현실이기 때문입니다. 하지만 은퇴 후 약간의 경제력만 뒷받침된다면 굳이 돈을 쫓아 일을 할 필요도 없고, 명예나 시간에 얽매일 필요도 없기 때문에 그동안 생각만 해왔던 '의미 있는 일'을 시작하기에 최적의 시기가 될 수 있습니다.

그렇지만 이러한 직업이나 역할은 아무런 준비 없이 주어지지 않습니다. 우선 무엇이든 시도하고 배워가며 자신에게 가장 맞는 일을 찾는 연습이 필요합니다. 다양한 준비와 경험을 통해 계속해서 시도하고 시행착오를 겪는 과정이 필연적입니다.

이를 위해 퇴직 10년 전부터 노후를 착실하게 준비해야 한다는 주장도 확산되고 있습니다. 10년이란 기간이 의미가 있는 것이, 재취업 등을 위해선 전문성이나 취미·적성 등을 찾아 개발하는 데 일정 기간이 필요합니다.

어떤 분야의 전문가가 되기 위해서는 최소한 1만 시간 정도의 훈련이 필요하다는 의미의 '1만 시간의 법칙'이라는 것도 있습니다. 저명한 심리학자 앤더스 에릭슨K. Anders Ericsson이 1993년 발표한 논문에 세계적인 바이올린 연주자를 가르는 연습 시간은 1만 시간 이상이었다는 것에서 유래한 법칙이죠. 매일 3시간씩 훈련할 때 약 10년이 지나면 1만 시간이 됩니다. 연금, 저축 등의 노후 계획을 세울 때 노후 자금을 축적할 최소 기간으로도 10년이란 시간은 꽤 의미가 있습니다. 투자 계획 역시 일반적으로 10년을 기준으로 장기플랜과 단기플랜으로 구분되고, 각종 세제 혜택도 10년을 기준으로 나뉘는 경우가 많습니다. 또 투자 기간이 너무 짧으면 변동성으로 인해 투자 포트폴리오 구성에도 어려움이 많을 수 있습니다. 결국 행복도, 노후 준비도 꾸준한 노력과 무르익을 수 있는 숙성 기간이 필요합니다.

퇴직 후
도전할 만한 직업 30가지

한국고용정보원이 퇴직 후 재취업할 때 도전할 만한 직업 30개를 선정하여 소개한 적이 있습니다. 특이하게도 직업 유형을 '틈새도전형', '사회공헌·취미형', '미래준비형' 세 가지 유형으로 나누어 소개했습니다.

먼저 '틈새도전형'은 오랜 직장생활 커리어와 풍부한 인생 경험, 이를 통해 구축한 인적·물적 네트워크를 활용하고자 하는 사람들이 도전할 수 있는 직종으로 '컨설턴트', '협동조합설립', 창업 매니저', '귀촌 플래너' 등이 있습니다.

두 번째 '사회공헌·취미형'은 돈을 쫓는 것이 아니라 그동안 쌓은 경력과 경험을 활용해 사회에 기여하거나 취미 삼아 일하길 원하는 사람들에게 맞는 직업들입니다. 대표적으로 '교육강사', '작가', '기술자', '사회복지사' 등이 있습니다. 젊은 세대나 내가 사는 마을과 이웃을 위한 일,

[퇴직 후 도전할 만한 직업]

유형	직업	
틈새도전형 전문성과 경력을 살려 틈새시장으로 재취업하거나 창업할 수 있는 직종	협동조합운영자 오픈마켓판매자 기술경영컨설턴트 투자심사역 창업보육매니저 귀농·귀촌플래너	스마트팜운영자(스마트파머) 흙집건축가 도시민박운영자 공정무역기업가 1인 출판기획자 유품정리인
사회공헌·취미형 사회에 공헌할 수 있는 일이나 취미를 살릴 수 있는 직종	청소년유해환경감시원 청년창업지원가 인성교육강사 마을재생활동가 도시농업활동가	목공기술자 손글씨작가 숲해설가 문화재해설사 웃음치료사
미래준비형 중단기 교육과 훈련을 통해 미래를 준비할 수 있는 직종	생활코치(라이프코치) 노년플래너 전직지원전문가 이혼상담사	산림치유지도사 기업재난관리자 주택임대관리사 3D프린팅운영전문가

자연과 벗할 수 있는 일 등 여생을 의미 있게 보내는 데 도움이 될 만한 직업들로 보입니다.

마지막으로 '미래준비형'이 있습니다. 말 그대로 미래에 유망한 직종들로 제2의 도약을 꿈꾸는 사람들에게 적합한 직업들입니다. 이 직업은 아직 국내에 제대로 정착하거나 활성화되진 않았지만 미래 일자리 수요가 있는 직업들로, 법·제도의 정비 등 활성화 방안을 통해 일자리 창출이 가능한 직업들에 해당합니다. 대표적으로 '라이프 코치', '산림 치료사', '노년 플래너' 등이 있습니다.

우리 아이
금융 교육법

부자 엄마가
부자 아이를 만든다

아이의 최고 경쟁력은 엄마의 경제력이라는 말이 있습니다. '사교육
→명문대→대기업' 또는 '전문직→은퇴=성공한 삶'이라는 공식이
정답처럼 여겨지는 우리나라의 현실 속에서 사교육이 차지하는 비
중은 절대적일 수밖에 없습니다. 이러한 교육 환경에서 용하다는 학
원을 뺑뺑이 돌릴 만큼의 자금력과 정보력이 아이들의 성적에 지대
한 영향을 미치는 것은 어찌 보면 당연한 결과이고, 이를 부정하고 싶
은 마음도 없습니다.

그렇지만 지금의 우리 아이들이 살아갈 미래에도 '사교육→명문
대→대기업·전문직→은퇴=성공한 삶'이라는 공식이 유효할 것인
지에 대해서는 전적으로 동의하기 어렵습니다. 제4차 산업혁명의 물
결 속에서 기술의 변화 속도는 전보다 훨씬 빠르고 인간의 수명 또

한 빠르게 늘고 있습니다. 이로 인해 부모 세대가 금과옥조로 여겼던 '평생 직장'의 개념은 빠르게 사라져가고 있고, 대학에서 배운 전공 하나로 30년씩 회사에 다니며 우려먹는 시대는 끝나가고 있습니다.

심지어 최근에는 '긱이코노미gig economy(그때그때 임시직을 섭외해 일을 맡기는 경제 형태)'라는 개념까지 등장하면서, 사람이 필요할 때만 프리랜서를 쓰듯 고용하는 형태가 일상적인 고용 형태로 자리 잡게 될 것이라는 전망까지 나오고 있습니다. '평생 직장'이란 미래에 '응답하라 20××' 같은 드라마 속에서나 등장하는 이야기가 될지도 모릅니다.

AI(Artificial Intelligence, 인공지능)의 발전으로 향후 20~30년 안에 우리 직업이 새롭게 재편될 것이란 얘기도 나오고 있습니다. 결국 우리 아이들은 살면서 끊임없이 새로운 기술을 배우고 인공지능과 경쟁하여 일자리를 찾아가야 할지도 모릅니다. 지금까지는 부모의 경제력이 자녀의 성공을 가르는 중요한 요소였다면, 미래에는 자녀 자신의 경제력이 훨씬 더 중요한 성공 요소가 될 것입니다.

엄마의 경제력이
아이에게 대물림된다

부모의 경제력이 대물림된다는 인식이 사회 전반에 뿌리 깊이 자리 잡고 있는 것이 사실입니다. 태어날 때부터 신분이 갈린다는 의미로 '금수저', '은수저', '흙수저' 같은 신조어들이 생긴 것도 이 같은 사회 분위기와 관련이 없지 않겠죠.

독일의 한 연구 결과에 따르면, 부모가 돈에 대한 개념이 무지할 때 자녀들이 부자가 될 확률은 500분의 1 정도에 불과하다고 합니다. 하지만 부모가 돈에 대해 제대로 알고 자녀들이 이를 제대로 교육받을 경우, 아이들이 부자가 될 확률은 5분의 1로 높아진다는 연구 결과가 있습니다. 부모가 돈에 대해 잘 알고 있다는 사실만으로 자녀가 부자가 될 확률이 자그마치 100배나 높아진다는 이야깁니다.

부모들이 물려준 '금융지식'의 차이가 자녀를 부자로 살게 할지 가난하게 살게 할지 결정할 수 있다는 얘기는 다소 충격적이기까지 합니다. 자녀들이 좀 더 풍요롭게 살았으면 하는 바람은 부모로서 갖는 당연한 바람입니다. 그렇기에 더욱 국어, 영어, 수학 교육에만 열을 올릴 것이 아니라 금융 교육에 더 관심을 가져야 합니다.

진짜 교육은
생활 속에서 이루어진다

경제 교육이란 앞으로 자본주의 사회를 살아갈 아이들이 타인으로부터 '경제적인 독립'을 이루기 위한 기초 과정입니다. 하지만 우리나라 부모들의 경제 교육은 아직 '아껴 쓰고 저축하라'는 수준에 머물러 있습니다. 금융 교육이라 하면 '돈을 관리하고 버는 법' 정도로 인식하는 부모들이 많기 때문입니다. 이는 어찌 보면 당연한 현상입니다. 우리 부모들 역시도 가정이나 정규 교육 과정을 통해 이를 제대로 배워본 적이 없으니까요.

그렇다고 해서 자녀들을 위한 경제 교육이 경제학이나 투자 이론이라고 오해해서는 안 됩니다. 경제 교육에 대한 잘못된 생각을 갖게 되면 자칫 입시 교육하듯 주입식 교육을 하게 됩니다. 아이들을 경제 교실, 금융사관학교 등 각종 교육 프로그램에 등록하고 참여시키는 식의 방법이 전혀 효과가 없는 것은 아니지만 자녀의 '경제력'을 높이는 절대적인 방법으로서는 한계가 있을 수밖에 없습니다.

아이들에게 최고의 교사는 부모입니다. 부모와의 자연스러운 대화를 통해 아이들은 부모의 경제관과 경제 지식, 예의, 삶의 지혜 등을 배워갑니다. 그렇기 때문에 자녀들에게 철저한 경제 교육을 시킨다는 유대인들이 가장 중요시하는 것 또한 '밥상머리 교육'이라고 합니다. 문제는 아이에게 경제 개념에 대해 설명하고 토론하려면 부모 또한 경제에 대해 제대로 알아야 한다는 점입니다. 결국 부모가 현명한 경제관을 가지고 있어야 아이도 현명한 경제관을 가질 수 있다는 얘기입니다.

자녀의 경제 교육 문제에서 가장 중요한 것이 부모의 경제 개념이자 금융 지식 수준인 이유도 이 때문입니다. 아이의 경제에 대한 개념은 밥상머리 교육을 통해 정립될 확률이 가장 높고, 특히 우리나라처럼 입시에 당장 활용될 수 있는 지식만 가르치는 환경일수록 경제교사로서 부모의 역할은 더욱 더 중요할 수밖에 없습니다. 부모가 경제나 금융에 대해 잘 모르고 자신도 없는 상태에서 아이만 제대로 키우겠다고 하는 것은 허황된 꿈에 그칠 확률이 큽니다.

결론적으로 자녀를 부자로 키우기 위해 부모가 꼭 갖추어야 할 조건은 크게 두 가지로 요약할 수 있습니다. 첫 번째는 자녀의 경제 교육에 대한 지속적인 관심과 지원이고, 두 번째는 부모 스스로 올바른 경제 개념과 금융지식을 배우는 것입니다. 결국 제대로 된 경제 교육을 위해서는 부모가 먼저 배우고 모범을 보이는 수밖에 없습니다.

금융 교육,
무엇부터 시작해야 할까?

금융 교육이라 하면 미리 겁부터 먹는 부모들이 많습니다. 방법 자체가 어려워서라기보다 방법을 잘 몰라서 그렇습니다. 부모들도 제대로 된 금융 교육을 받아본 적이 없으니 어찌 보면 당연한 일입니다.

상식 밖의 행동을 하는 사람에게 흔히 '개념 없다', '무개념이다'라는 말을 합니다. 요즘 젊은 세대들은 '경제 무개념'이란 단어를 자주 사용합니다. 인터넷에 일명 '남친 경제 무개념 테스트'라는 것이 유행하기도 하고, 한 결혼 정보 회사의 조사 결과에서는 가장 피하고 싶은 결혼 상대 1위로 '경제 무개념인 사람'이 선정됐다고 합니다. 그만큼 요즘 청년들의 금융지식 수준이 심각하다는 반증이기도 합니다.

나름 여유로운 유년기를 보낸 요즘 청년들에게 '경제 개념'은 오히려 고리타분하게 느껴지는 주제일 수도 있고, 딱히 모르고 살았더라도 큰 문제가 없었을 겁니다. 하지만 본격적으로 경제 활동을 시작한 이후에도 '경제 개념'을 모른다면 여전히 여유로운 생활을 할 수 있을까요?

어렸을 때는 큰돈 쓸 일이 없지만, 어른이 되어 본격적으로 경제활동을 시작하면 상황이 180도 달라집니다. 결혼을 하고 자녀 양육에서 교육, 은퇴 이후까지 한 사람이 평생을 살아가면서 지출하는 돈은 상상 이상으로 큽니다. 항상 경제적으로 넉넉하면 다행이겠지만 막상 현실은 그렇지 못할 확률이 더 크죠. 이 과정을 슬기롭게 극복하려면 돈을 관리하는 능력이 필요한데, 이를 위해서는 유년 시절부터 용돈을 관리하는 기술을 통해 경제적인 감각을 키우는 것이 무엇보다 중요합니다.

성장기 자녀에게 올바른 경제 개념을 심어주는 것이야말로 경제교육의 중요한 포인트입니다. 저는 자녀를 키우는 부모들을 만나면 아이에게 영어 단어 하나를 가르치는 것만큼이나 올바른 경제관을 갖게 해주는 것도 중요하다고 강조합니다. 공부 열심히 해서 입학하는 대학의 레벨을 한두 단계 높인다고 한들 자본주의 사회가 세뇌시킨 소비 중심의 노예적 삶에서 벗어나지 못한다면 이후 경제적 자유나 자신이 원하는 삶은 살기 힘들어지기 때문입니다.

포기와 선택의 의미를
가르쳐라

욜로란 'You Only Live Once'라는 문장을 줄인 약자로 '한 번뿐인 인생'이란 뜻의 신조어입니다. 팍팍하고 고단한 현실과 암담한 미래 속에서 사는 요즘 청춘들에게, 내일이 없는 것처럼 현재의 욕망에 충실하라는 '욜로 라이프'가 유행하는 것도 한편으론 공감이 갑니다.

욜로 라이프 열풍 이면에 '삼포 세대', '오포 세대' 같은 쓸쓸한 현실이 반영돼 있다는 것도 알 수 있습니다. 부모의 그늘 아래에서 부족할 것 없는 유년기를 보낸 청년들이 본격적으로 경제생활을 시작하면서 처음 겪는 경제적 좌절감들은 쉽게 감내하기 힘든 경험일 수 있습니다. 하지만 이를 욜로 라이프나 카르페디엠 같은 아름다운 말로 포장한다고 해도 근본적인 문제가 해결되는 것은 아닙니다. 결국 이는 한정된 자원 안에서의 자원 배분의 문제이자, 현재와 미래라는 선택의 문제이기 때문입니다.

경제학을 선택의 학문이라고 합니다. 경제 활동이 곧 합리적인 선택의 과정이기 때문입니다. 자녀들에게 꼭 가르쳐야 할 것 첫 번째 가치는 바로 '선택의 의미'입니다. 어린아이일수록 갖고 싶은 것을 모두 가지려 하는 특성이 강합니다. 본인이 좋아하는 것, 갖고 싶은 것이 있으면 앞뒤 가리지 않고 가지려고 하는 것이 아이들의 본능이죠. 이때 아이들이 가장 많이 쓰는 방법이 바로 '떼쓰기'입니다.

부모의 입장에서 아이가 강하게 원하는 것을 거절하는 것이 쉽지 않은 일이지만 그렇다고 떼쓰기에 응하는 것은 경제 교육 관점에서 바람직하지 않습니다. 왜냐하면 조르기 전략에 성공한 아이들은 더 이상 선택하려고 하지 않기 때문입니다. 예를 들어 아이와 컴퓨터를 사러 갔는데 매장에 노트북과 데스크톱이 있다고 해보겠습니다. 만약 아이가 두 개 모두를 가지고 싶어 한다면 어떻게 해야 할까요? 아이도 강하게 원하고 마침 경제적 여건도 허락된다면 둘 다 사주는 것도 얼마든지 가능합니다. 하지만 아이에게 합리적인 선택을 하도록 유도하는 것이 훨씬 더 좋은 교육 방법입니다. 원하는 모든 것을 가질 수 없듯, 선택의 과정을 통해 아이 역시 '원하는 모든 것을 가질 수 없다'는 이치를 자연스럽게 이해하게 됩니다. 또 앞으로 선택의 순간이 닥쳤을 때 나름의 합리적인 판단을 하는 훈련을 통해 진정한 '선택의 의미'도 배울 수 있습니다.

선택의 개념을 이해하고 훈련하는 것은 아이의 미래를 위해 매우 중요한 과정입니다. 부모가 그래왔듯 아이 역시 앞으로 살아갈 인생 속에서 수많은 선택의 순간을 맞이할 것이기 때문입니다.

대화와 협상을 통해
원하는 것을 얻게 하라

경제 교육을 할 때 꼭 전달해야 하는 두 번째 가치는 '협상의 의미'입니다. 보통 협상이라고 하면 비즈니스 관계에서나 사용되는 단어 정도로 인식하는 사람들이 많지만 협상이라는 것이 단순히 테이블에 모여 앉아 어떤 문제에 대해 토론하는 것만을 의미하는 것은 아닙니다. 진정한 의미의 협상이란 서로 목적은 다르지만, 모두에게 이로운 결과를 얻고자 하는 당사자들이 합의점을 찾아가는 일련의 과정이라고 할 수 있습니다.

사회를 이루고 사는 사람들은 끊임없는 협상을 통해 자신이 원하는 것을 얻으며 살아갈 수밖에 없습니다. 친구 간에, 교사와 학생 간에, 직장상사와 부하직원 간에, 담당자와 담당자 간에, 매도자와 매수자 간에 등 알게 모르게 수많은 관계와 상황 속에서 자신이 원하는 것을 얻기 위한 협상의 과정들이 진행됩니다. 결국 한 개인의 인생에서 본다면 협상이란 원하는 것을 얻기 위해 타인과 발생하는 모든 과정입니다.

보통 부모들은 협상이 아이들과 전혀 상관없는 것이라고 여깁니다. 하지만 협상은 아이들의 일상에서 수없이 발생하고 있습니다. 친구 집에 가겠다는 아이와 학원 스케줄 조정 문제를 놓고 논쟁을 벌이기도 하고, 공부 시간과 노는 시간을 가지고도 갈등이 생기죠. 부모도, 아이도 자신의 의견을 주장하고 상대를 설득시켜야 하는데 이 모든 것들 역시 협상의 과정이라 할 수 있습니다.

이때 아이의 협상력을 키우는 데 부모의 역할이 절대적입니다. 예를 들어 절대 변경 불가능한 규칙들을 내세우며 무조건적인 복종을 요구하는 부모와 아이와 충분히 토론하고 협상의 과정을 통해 합의된 규칙을 정하는 부모가 있다고 해봅시다. '왜?'라는 질문이 결여된 채 '이건 되고 저건 안 돼'와 같이 강압적인 흑백 논리로 아이를 대한다면 아이는 원하는 것을 얻으면 기뻐하고 그렇지 않으면 실망이나 분노, 불만을 표현하는 행동을 보일 확률이 큽니다. 이러한 과정이 축적되면 부모와의 갈등이 심해지겠죠.

반면 충분한 대화와 협상의 과정을 통해 정해진 규칙을 정하면 아이도 그 당위성과 이유에 대해 충분히 이해하는 것은 물론 결과에 대한 책임감을 가질 수 있습니다. 이른바 자존감 높은 아이가 만들어지는 것이죠. 아이와 언제든 협상 테이블에 앉을 준비가 돼 있어야 하는 이유입니다.

그렇다면 협상력은 왜 중요할까요? 협상력이 높다는 것은 최소한의 재원으로 원하는 것을 얻는 능력이 뛰어나다는 것을 의미합니다. 대동강 물을 황소 60마리에 팔아먹었다고 해서 유명한 봉이 김선달의 일화가 있습니다. 당시 황소 한 마리 값이면 집 한 채를 살 수 있었다고 하니 지금 가치로 환산하면 수백억 원에 팔아먹은 셈이죠. 협상력이란 이런 것입니다. 봉이 김선달 정도는 아니더라도 이 험한 세상에서 협상력 높은 아이일수록 생존 확률이 높아지는 것은 틀림없습니다.

돈이 아닌 돈이 모이는
과정을 알게 하라

자녀를 키워본 부모라면 누구나 공감하는 것이 있습니다. 아이들이 자라면서 놀라울 정도로 부모의 외모는 물론 성격까지 닮아간다는 것입니다. 저도 아이를 키우면서 '피는 물보다 진하다'라는 말에 200% 공감하곤 합니다.

돈에 대한 가치관에 있어서도 부모와 비슷하게 닮아가기 마련입니다. 차이점이라면 외모와 성격은 부모로부터 선천적으로 물려받은 유전자의 영향을 많이 받는 반면 돈에 대한 가치관은 부모의 경제생활과 가치관을 보고 학습하며 후천적으로 습득한다는 점입니다.

특히 어린아이일수록 읽고 듣는 것보다는 행동이나 시각적인 자극을 통해 더 많이 배우는 특성이 있다고 합니다. 예를 들어 부모가 솔선수범하지 않고 말로만 '엄마 말 잘 들어야 해'라고 하는 식의 교육은 별로 효과가 없다는 얘기입니다. 아이들은 실제로 부모가 어떤 일을 해주었는가보다 부모가 어떤 사람인가에 더 큰 영향을 받는다고 합니다.

같은 맥락에서 부모가 비계획적으로 지출하거나 과소비하는 것을 지켜보면서 자란 아이가 제대로 된 경제 개념을 갖길 바라는 건 부모의 바람으로 끝날 확률이 큽니다. 아이에게는 용돈기입장을 쓰라고 하면서 정작 부모는 가계부는커녕 비계획적인 소비를 일삼는다면 아이는 은연중에 불만을 가질 수밖에 없습니다. 부모가 평소 가계부를 작성하면서 건전하고 합리적인 소비 생활을 한다면, 아이들에게 체계적인 용돈 교육을 시키는 것이 한결 더 수월합니다.

자녀의 경제력을 키우기 위해 부모가 가장 먼저 해야 할 일은 부모 스스로 생활습관을 바꾸는 것입니다. 자녀의 경제 교육을 위해 부자 엄마가 되려는 노력으로 스스로 매일 조금씩 부자가 돼가는 경험을 할 수 있다면 이보다 좋은 재테크도 없을 것입니다. 즉, 엄마 스스로 부자가 되기 위해 노력하다 보면 자녀의 '경제력' 이외에 부모의 '경제력'이라는 부가 혜택까지 누릴 수 있습니다.

진정한 지혜는 경험과 체험을 통해 나옵니다. 그런 의미에서 부모가 조금씩 부를 형성해가면서 경제적 독립을 실천하는 모습을 보여주는 것보다 확실한 경제 교육은 없습니다. 부모가 자녀에게 물려줘야 할 것은 '부' 자체가 아니라 '부의 형성 과정을 보여주는 일'이란 점을 꼭 기억할 필요가 있습니다.

돈에 대한 삶의 태도를 가르쳐라

아이가 풍요로운 삶을 누렸으면 하는 바람, 가능하면 경제적으로 넉넉한 삶을 누리길 바라는 마음은 부모들의 한결같은 마음일 겁니다. 이러한 부모들의 마음을 알았는지 경제 교육 관련 커리큘럼도 많이 생겨나는 추세고, 가까운 서점에만 나가봐도 아이들을 위한 경제 교육 서적들이 많이 눈에 띕니다. 그런데 나와 있는 책들을 살펴보면 대부분 경제학원론에 나올 법한 이론들을 아이들이 이해하기 쉽게 풀어놓은 정도입니다. 아이가 자라서 경제학을 전공한다면 도움이 되겠지만 경제 이론 몇 가지 안다고 부자가 되는 것은 아닙니다.

아이들의 경제 교육에서 가장 필요한 것은 이론이 아닙니다. 가장 중요한 것은 '돈에 대한 삶의 태도'입니다. 교육 강국으로 유명한 북유럽 국가들의 금융 교육은 돈을 벌고, 아껴 쓰고, 저축하고, 현명하게 쓰는 법 등 돈에 대한 삶의 태도를 가르치는 교육이 주를 이룹니다.

이를 위해서는 직접 참여하고 실천해보는 교육 방식이 중요합니다. 예를 들어 스스로 용돈기입장을 써본다거나 부모와 용돈 계획을 짜서 직접 실천해보고 느낀 점, 잘 안된 점 등에 대해 토론한다거나 돈을 잘못 사용했을 때 어떤 문제가 발생하는지 등을 직접 느끼고 경험하는 식입니다. 이러한 경험을 통해 아이는 돈을 밝히는 아이가 아니라 돈에 밝은 아이로 자랄 수 있습니다.

돈 밝히는 아이
vs 돈에 밝은 아이

아직 경제활동을 하지 않는 아이들의 유일한 수입은 용돈입니다. 아이들이 돈에 대한 개념을 처음으로 체감하는 것도 명절이나 친척 어른들이 가끔씩 주는 용돈을 통해서이고, 자녀들이 일정한 나이가 되어 정기적으로 받는 용돈이 생기기 시작하면 그 의미는 훨씬 커집니다. 하지만 아이들의 용돈이야말로 경제 교육을 위한 최고의 도구라는 것을 이해하고 공감하는 부모들은 생각보다 많지 않은 것 같습니다.

돈 관리의 기본,
용돈 관리

'에잇 포켓Eight Pocket'이라는 말이 있습니다. 아이 한 명에게 양가 조부모와 부모님은 물론 결혼하지 않은 삼촌, 이모, 고모 등까지 지갑을 연다는 의미로 생겨난 신조어입니다. 이렇게 친척들에게 용돈을 받다 보면 돈의 규모가 제법 커지기 마련입니다. 이때 일반적인 엄마들의 반응은 '엄마가 따로 저축해주겠다' 하며 빼앗는 것입니다. 물론 부모 입장에서는 아이가 큰돈을 갖고 있으면 잃어버리거나 잘못 쓰는 것은 아닐까 하는 걱정이 들 수 있습니다. 하지만 아이 입장에서는 자신의 돈을 빼앗기는 것 같아 억울한 마음이 생깁니다. 부모는 자녀의 미래를 위해 저축한다며 설득하지만 아이들 입장에서는 그 미래가 와닿을 리 없습니다. 모은 돈으로 그간 사고 싶었던 장난감이나 게임기 같은 것을 사고 싶은 것이 아이들의 본심이죠.

우리나라 부모들은 '자녀의 경제 교육이 중요하다'고 여기면서도 '아이들이 돈에 관해서는 모르는 것이 좋다'고 생각하는 이중적 태도를 취할 때가 많습니다. 현대 자본주의 사회는 경제와 돈을 떼어놓고 생각할 수도 없거니와 돈에 대해 모르는 것이 오히려 큰 위험을 불러올 수 있는 시대입니다. 이러한 사고방식은 바람직하지도 않고 요즘 트렌드와도 맞지 않습니다.

선진국에서는 아이들에게 경제 개념을 심어줄 수 있는 가장 효과

적이며 손쉬운 방법 중 하나로 용돈 교육을 꼽습니다. 용돈 교육이라는 것이 기본적으로 성인이 되어 겪게 될 돈 관리의 체험 학습 성격에 가깝습니다. 그도 그럴 것이 성인이 되면 일정한 수입 안에서 본인의 삶을 오롯이 책임져야 하기 때문입니다.

아이들이 정해진 용돈의 범위 안에서 사야 할 물건을 고르고 절제하고 포기하는 과정을 겪다 보면 합리적인 의사 결정과 자원 배분의 의미를 자연스럽게 체득하게 됩니다. 즉, 용돈이란 한계성으로 인해 '자신이 이용 가능한 자원이 한정돼 있다는 것'을 알게 되는 것입니다. 이런 결정과 판단 과정은 자신의 삶이나 장래까지도 계획할 수 있는 자립 능력을 키우는 데도 큰 도움이 됩니다.

용돈 교육
어떻게 해야 할까?

Step 1. 자녀에게 얼마를 주는 것이 합리적인지 고민한다

자녀에게 이미 용돈을 주고 있지만 용돈 교육의 효과가 나타나지 않는다면 그 이유는 용돈에 대한 원칙이 없기 때문입니다. 용돈의 액수를 너무 적게 줘도 문제가 되고, 너무 많이 줘도 문제가 될 수 있습니다. 결국 적정한 금액이 얼마인가에 대한 고민이 필요합니다.

이 과정에서 첫 번째 유의할 점은 부모가 일방적으로 금액을 정해서는 안 된다는 것입니다. 부모가 일방적으로 금액을 책정하면 용돈 규모에 상관없이 자녀가 불만을 가질 수 있습니다. 따라서 자녀에게 용돈을 줄 때는 사전에 대화를 통해 자녀와 합의하는 것이 좋습니다.

두 번째로 용돈의 사용처와 범위를 정하는 것입니다. 예를 들어 일 주일 용돈을 정할 때 학용품비, 교재비, 교통비 등을 모두 포함할지 간식, 장난감, 여가생활 등에 한정할 것인지에 따라 적정 금액은 달라 집니다. 저학년일수록 최소한의 범위로 정하고, 크면서 용돈 범위를 교통비, 각종 구입비, 교재비 등으로 확대하는 것이 좋습니다.

이때 간식비 얼마, 장난감 얼마 등 엄마가 한 달 예산을 짜듯 아이 들도 자신의 한 달 예산을 짜보게 하는 것이 중요합니다. 어렵다면 처 음에는 하루, 그다음에는 일주일 단위로 용돈 계획을 짜보게 합니다.

Step 2. 원칙을 정한다

용돈을 줘놓고 막상 아이의 용돈에 대해 일일이 간섭하거나 끼어드 는 것은 바람직하지 않습니다. 돈을 어디에 어떻게 지출하는지 전적 으로 아이의 결정에 맡기고, 결과에 대해 터놓고 이야기하는 것이 좋 습니다. 그래야 아이 자신도 결과에 수긍하고, 시행착오를 통해 발전 할 수 있습니다. 자칫 돈을 허투루 써서 고생하더라도 아이들은 이러 한 과정을 통해 소비에 대한 조절 능력을 배우고 다시는 그렇게 하면 안 되겠다는 반성의 기회를 얻을 수 있습니다. 한 번도 안 넘어지고 자전거를 배울 수는 없습니다.

용돈을 줄 때도 나름의 규칙을 정해서 주는 것이 좋습니다. 첫째, 일정한 기간에 맞춰 규칙적으로 주는 것이 중요합니다. 아이가 필요할 때마다 용돈을 주는 가정이 많은데, 이는 가장 피해야 할 원칙입니다. 정기적으로 수입이 생겨야 나름의 계획을 세우고 실행하는 법을 배울 수 있기 때문입니다. 지급일을 정확히 지키는 것도 중요합니다. 이를 통해 아이는 '약속'과 '신용'의 의미를 인식합니다. 부모가 용돈 지급일을 지키지 않으면 아이들 역시 '돈에 대한 약속'에 대해 가볍게 생각할 수 있습니다.

아이들이 하기 싫어하는 허드렛일이나 당연히 해야 할 일을 용돈과 연관시키는 것은 좋지 않습니다. 예를 들어 아침에 일어나 이불을 정리하고, 학교에 가고, 숙제를 하는 것 등은 아이가 당연히 해야 할 일들입니다. 이런 것들을 용돈과 연관시키면 아이들이 자신의 모든 행동을 돈으로 환산하면서 매사를 돈으로만 판단하려고 할 수 있습니다.

Step 3. 용돈 관리 시스템을 만들어줘라

아이들에게도 수입의 종류나 돈의 쓰임새별로 돈 관리 시스템을 만들어주면 좋습니다. 예를 들어 정기적으로 부모가 주는 용돈이 있고, 명절이나 어린이날 등 비정기적으로 부모나 지인으로부터 추가로 받는 일종의 보너스 같은 용돈이 있을 수 있습니다.

비정기적인 용돈은 저축통장에 넣기로 약속하고 저축하는 식의 규칙을 정해 활용하는 것도 좋습니다. 역시 이 과정에서도 부모와 아이 간의 합의 과정을 통해 규칙을 정하는 것이 좋겠죠.

아이가 너무 어리지 않다면 정기적인 용돈을 현금이 아닌 통장에 넣어주는 것도 좋은 방법입니다. 이 과정에서 아이 명의로 통장을 개설한 뒤 아이와 실제로 저축한 금액을 공유하는 것이 좋습니다. '부모가 알아서 잘하고 있으니 걱정 마라'는 식은 아이들 입장에서 매우 추상적일뿐더러 동기부여도 되지 않습니다. 실제로 명절 용돈도 대신 저축해주겠다고 약속하지만 따로 자녀 명의의 통장을 만들지 않는 가정도 부지기수입니다.

결론적으로 아이 명의로 저축통장을 개설해주고 실제로 얼마나 저축했는지 아이와 공유하는 과정은 꼭 필요합니다. 적은 돈이라도 아이에게 돈이 생길 때마다 은행에 가서 직접 저축하도록 하고 그때마다 통장을 보여줘 숫자가 바뀌었다는 사실을 알려주면, 아이는 엄마처럼 자신도 은행에서 뭔가를 할 수 있다는 것을 알고 신나 하며 성취감도 느낍니다. 이왕이면 통장에 저축한 금액이 일정한 숫자에 도달하면 일부를 인출해 앞서 세운 계획에 따라 아이가 필요한 물건 한두 개 정도 살 수 있게 하거나 아예 본인이 원하는 '꿈통장'을 만들어주는 것도 좋습니다. 예를 들어 게임기를 사고 싶다면 '게임기 저축'처럼 통장에 꼬리표를 만들어주는 겁니다. 이렇게 아이가 원하는 저축통장을 별도로 마련해서 정기적인 용돈에서 일정 금액씩 저축하게 한 후 실제로 돈이 불어나는 모습을 아이에게 보여주면 동기부여를 유도할 수 있습니다.

　이렇게 하면 다소 막연하게만 느껴질 수 있는 저축의 목적과 의미도 구체화할 수 있고, 동기부여도 될 수 있습니다. 모든 교육이 효과를 발휘하기 위해서는 자신의 동기가 가장 중요하기 때문입니다.

Step 4. 용돈기입장을 통해 함께 점검하라

소비를 위한 돈은 지갑에 넣어 쓸 수 있게 하는 게 좋습니다. 지갑에 돈이 있으면 소비의 유혹에 빠지기 쉽지만, 이를 참는 것도 훈련입니다. 또 실제 돈을 본인이 직접 쓰고 거스름돈도 받으면서 소비하는 방법도 자연스럽게 익히게 됩니다. 특히 현금을 직접 사용하다 보면 '돈은 안 쓰면 모이고 쓰면 없어진다'는 원리도 자연스럽게 깨달을 수 있습니다.

　가정에서 가계부를 쓰듯이 자녀에게도 용돈기입장을 쓰게 하면 좋습니다. 용돈기입장을 쓰게 하는 목적은 '파악'과 '결산'입니다. 일단 용돈기입장을 작성하는 것만으로도 본인이 어떻게 돈을 쓰고 관리하고 있는지 파악할 수 있습니다. 용돈기입장 작성을 할 땐 최대한 아이 스스로 할 수 있게 배려하고, 간섭하지 말아야 합니다.

　정기적으로 '결산' 과정을 거치는 것도 중요합니다. 자녀가 필요한 곳에 적정하게 용돈을 사용했는지 점검해서 어떤 소비가 좋은 소비였는지 의견을 나누는 거죠. 대화 과정을 통해 아이는 어떤 것이 좋은 소비이고, 어떤 것이 나쁜 소비인지 자연스럽게 깨닫게 되며, 좋은 소비 습관이 형성되는 데 도움을 받을 수 있습니다.

당연히 처음 용돈을 받아쓰는 아이는 시행착오를 겪기 마련입니다. 중요한 점은 돈 관리를 잘못해서 고생하는 과정에 조절 능력이 생기게 된다는 점입니다. 시행착오를 가로막을 것이 아니라 아이가 시행착오를 겪더라도 그것 자체가 대단히 중요한 금융 교육의 과정이라는 인식이 중요합니다.

용돈을 줬더니 약속을 어기고 하루에 다 써버렸다고 해도 무턱대고 화만 내면 오히려 아이는 마음의 문을 닫고 돈에 대한 왜곡된 생각을 갖게 될 위험이 있습니다. 똑같은 시행착오를 겪지 않기 위해 신중한 소비가 왜 중요한지 충분한 대화를 나눠야 합니다. 그리고 자녀가 용돈이 부족하다고 용돈을 올려달라고 요구할 수도 있습니다. 이럴 때는 용돈기입장 점검과 충분한 대화를 통해 자녀의 요구가 합리적인 경우에는 주저 없이 용돈을 올려주는 것도 좋습니다.

빚에 관대한
부자는 없다

한 미혼 여성의 재무 상담을 해준 적이 있습니다. 말끔한 옷차림과 달리 안색이 어두워 보였던 그녀는 서른 살에 불과한 '신용불량자'였습니다. 스물다섯에 첫 직장생활을 시작하면서 약 5년 정도 부모님과

떨어져 독립된 생활을 하고 있었던 그녀는 200만 원의 월급을 받아 400만 원이 넘게 지출하고 있었습니다. 매월 200~300만 원씩 적자가 발생하고 있는 셈이었죠. 그도 그럴 것이 늘어난 빚으로 이른바 빚 돌려 막기를 하고 있었는데, 카드론, 저축은행, 마이너스통장 등 대출 이자로만 200만 원 가까이 지출하고 있었습니다. 거기에 월세, 통신비, 펫 관리비, 교통비 등 고정 지출로만 100만 원 넘게 지출하고 있었습니다.

사연은 이랬습니다. "처음에는 우연히 빚을 지게 됐어요. 첫 직장 생활을 하다 보니 이것저것 살 것도 많고, 자취생활까지 하다 보니 쪼들리게 되더라고요. 주변에서 마이너스통장이 있으니 활용해보라고 해서 무심코 만든 것이 시작이었습니다. 처음에는 100만 원, 한 달이 지나니 200만 원, 400만 원, 600만 원 그렇게 조금씩 쌓여갔고 정신을 차렸을 땐 빚이 2,000만 원 정도로 불어나 있었어요. 갚아보려고 노력을 안 한 것은 아닌데, 이상하게 빚이 늘기만 하더라고요. 결국 저축은행, 카드론 같은 것에 돈을 빌리기 시작했고, 눈덩이처럼 늘어난 빚이 어느새 4,000만 원 가까이 됐습니다."

그녀의 말투에는 절실함이 묻어 있었습니다. 그녀는 현재 제 권유로 정부에서 운영하는 파산구제제도를 통해 회생절차를 밟고 있습니다.

빚지는 사람들의 첫 번째 문제는 '빚에 대해 제대로 알지 못한다'는 것입니다. 내가 진 빚이 무엇인지 잘 모르니 빚을 갚을 생각조차

하기 어려운 것입니다. 어떤 빚이 좋은 빚이고 어떤 빚이 나쁜 빚인지, 혹여 어쩔 수 없이 빚을 져야 한다면 어떻게 갚아야 하는지 제대로 알지 못합니다. 예를 들어 신용카드 결제액, 무이자 할부 같은 것들은 빚이라고 인식하지 못하는 식이죠.

두 번째 문제는 빚이 있어도 갚는 법을 모릅니다. 실제로 이러한 사람들은 빚을 낼 때 내가 얼마나 갚을 수 있을지보다 얼마나 많은 빚을 낼 수 있는지에 집중합니다. 마음으로는 빚을 갚겠다고 생각하지만 실제로는 빚 갚는 법을 잘 모르기 때문에 마음만 앞서 주먹구구식으로 빚 갚는 경우가 많습니다. 이런 경우 혹여 돈이 생겨 빚의 일부를 갚더라도 빚의 굴레에서 벗어나지 못하고 악순환에 다시 빠지는 경우가 많습니다.

마지막으로 자신이 감당할 수 있는 빚의 크기를 잘 모릅니다. 빚이라고 해서 모두 나쁜 빚만 있는 것은 아닙니다. 예를 들어 수익을 가져다주는 빚은 좋은 빚 중 하나입니다. 하지만 문제는 좋은 빚이라 하더라도 욕심이 과하면 나쁜 빚으로 바뀔 수 있다는 점입니다. 빚은 일종의 고혈압과 비슷해서 평소에는 큰 문제가 되지 않지만 조금만 무리가 되는 상황이 오면 급격하게 위험 신호가 발생하며, 심한 경우 생존의 문제까지 위협할 수 있습니다.

자녀의 경제 교육에 있어 중요한 포인트 중 하나가 바로 '빚'과 '신용'의 의미를 가르치는 것입니다. 참고로 제가 세를 주고 있는 임차인 중 월세 납입일을 꼬박꼬박 어기는 분이 계십니다. 사정이 딱히 어렵거나 월세를 낼 형편이 안 돼서 그런 거라면 이해하겠는데, 그것도 아닙니다. 전화하면 그제야 "아~ 깜박했네요"라는 답변이 돌아오죠. 일종의 습관과 태도의 문제인데, 본인은 별것 아니라고 생각하겠지만 상대방의 입장에서는 '신용 없는 사람'으로 비춰질 수밖에 없습니다. 모르긴 몰라도 그분은 금융거래에 있어서도 습관적으로 연체하는 일이 잦을 테고 본인은 인식하지 못하더라도 알게 모르게 상당한 불이익을 받을 확률이 높습니다.

경제적으로 성공한 사람 중에 빚에 관대한 사람은 거의 없습니다. 부자들도 빚을 지긴 하지만 그들이 사용하는 빚은 어디까지나 철저히 좋은 빚에 한정됩니다. 좋은 빚이란 내가 내야 할 비용보다 더 많은 수익을 얻을 수 있는 빚을 말합니다. 예를 들어 2%의 이자로 1억 원을 빌려 상가에 투자했는데, 5%의 수익이 난다면 3%의 초과 수익이 발생합니다. 이런 빚이 좋은 빚입니다.

반대로 비용만 발생하는 빚은 나쁜 빚입니다. 마이너스통장, 신용카드, 카드론, 가방을 사기 위해 친구에게 빌린 돈 등이 대표적인 나쁜 빚입니다. 이런 빚은 가급적 피하는 것이 좋고, 어쩔 수 없이 발생했다면 최대한 빨리 갚아야 합니다. 자녀들에게 이러한 의미를 가르치는 것이야말로 매우 중요합니다.

우리 집 자산이 2배속으로 늘어나는 시스템 만들기

엄마의 첫 재테크 공부

초판 1쇄 인쇄 2018년 9월 21일   초판 1쇄 발행 2018년 9월 28일

지은이 김태형
펴낸이 연준혁

출판 2본부 이사 이진영
출판 6분사 분사장 정낙정
책임편집 이경희
디자인 윤정아

펴낸곳 (주)위즈덤하우스 미디어그룹 출판등록 2000년 5월 23일 제13-1071호
주소 경기도 고양시 일산동구 정발산로 43-20 센트럴프라자 6층
전화 031)936-4000 팩스 031)903-3893 홈페이지 www.wisdomhouse.co.kr

값 16,000원 ISBN 979-11-6220-718-5 03320

* 잘못된 책은 바꿔드립니다.
* 이 책의 전부 또는 일부 내용을 재사용하려면
  사전에 저작권자와 (주)위즈덤하우스 미디어그룹의 동의를 받아야 합니다.

국립중앙도서관 출판시도서목록(CIP)

엄마의 첫 재테크 공부 / 지은이: 김태형. — 고양
: 위즈덤하우스 미디어그룹, 2018
    p. ;   cm
권말부록: 우리 아이 금융 교육법
ISBN 979-11-6220-718-5 03320 : ₩16000

재테크[財—]
327.04-KDC6
332.024-DDC23   CIP2018028347